# 派閥

## 保守党の解剖

渡辺恒雄◆著

弘文堂

# 復刊　まえがき

渡辺恒雄

このたび復刊された本書は、今年米寿の筆者が、三十歳そこそこのヒラの政治記者であった頃の処女作である。今再読すると、稚拙な文章は面映い。しかし、若かった政治記者が、複雑怪奇に躍動するナマの政治のメカニズムを、そのまま描きだしたのは、今日でも共通する諸要素があり、政治現象の研究者にとって参考になると思った。場合によっては、政治以外の世界でも成り立つ「派閥」という人間集団の動態、その生成や衰退の過程、それを動かす知的、物的、あるいは感性的諸要素の相互作用等を客観的に分析し、体系的に整理するための資料となるかも知れない。

筆者は、この『処女作』の後、二十冊近くの政治の著・訳書を出版したが、この書は最も心身が若く充実した中で、ほぼ十日間で書き上げたと記憶している。この初版書を、『週刊朝日』がその書評欄でほぼ一ページを割いて著者の顔写真付きで紹介してくれた時の感激は忘れえぬものがある。今日の週刊誌乱立時代と違い、当時は、紙不足で新聞は今日のように豊富な建ページがなく、書評といえば、週刊朝日、サンデー毎日というただ二つの戦前から生き残った週刊誌の書評欄が、もっとも権威があった時代だ。新聞ジャーナリズムがおおらかであった戦後の当時が懐かしい。

本書の復刊は、弘文堂の会長鯉渕年祐さんから、突然提案された。ある著名な政治学者が「現在においてもなお、政治学とりわけ政治史分野における文献および資料として、価値がある」と過分なお言葉で弘文堂に推奨されたのがきっかけと承り、米寿をこえた老骨として生涯最大の光栄と感動している。

なお、本書の数年後、その後の保守党派閥の転変と新たな分析を加え、弘文堂から昭和三十九年に改訂版『派閥――日本保守党の分析』を出版したが、本『処女作』の方が、政治史的にも有意味だと思い、あえてこの復刊をお願いした。

なお、本書中「保守」に対する「革新」という語が出てくるが、当時はまだ資本主義対社会主義という用語が生きていた。そして、保守政党の中にも、保守は必然的に衰退するという観念があった。

故石田博英氏が、当時、一次産業人口が減少し、二次産業人口が増加するのに並行して、保守政党が衰退し、革新政党（社会主義政党）が政権を握る可能性があるとの予言的論文を発表し、大きな話題となった。そういう懸念がいわゆる保守大合同、「自民党」の結党への起爆剤となったともいえる。保守合同の立役者であった実力者三木武吉氏が「これで保守党は二十年はもつだろう」と語ったのは有名だが、実は今日でも日本で保守政党は巨大な勢力を残して生き続けている。

その意味で、石田論文の警告的予言は外れたわけだ。その理由は、第一に、産業別就業人口では、一次産業（農林水産業）も二次産業（製造業）も減少しており、産業人口の多数派は、第三次産業（商業・サービス業等）となり、当時の産業別就業人口比率が構造的に変わってしまったこと。第二に、保守政党は、欧米諸国もそうだが、社会福祉政策を大胆に取り入れ「社会主義」政党でなくても、古い社会主義の主張した福祉政策を大胆に取り入れて実現し、逆に現在の中国がそうであるように、共産主義国までが「資本主義」的市場経済を取り入れ、かつての「資本主義対社会主義」という世界観が陳腐化してしまったこと。以上の二要素が石田論文の予測を狂わせた。保守は死滅せず、他方古典的マルクス主義政党が機能しなくなった理由である。マルクスの『共産党宣言』に提議されている十項目の政策要綱（岩波文庫版七五ページ）の大部分が、資本主義国の成長の中で、次々に吸収され、実現してしまったのだ。

たとえば、米国は、あの大恐慌の中で、F・D・ルーズベルトがニューディール政策で、大胆な社会主義的政策を実現した。ニューディールの初期の重要な立法が当初、米連邦最高裁から違憲立法の判決を受け、またニューヨーク・タイムズなど、大新聞はニューディールを「アカ」呼ばわりして攻撃していたほどだ。結局、大恐慌時を通じて、米国共産党は連邦議会、州議会で一議席も得ることができなかった。

こういう歴史的背景から、本書の描いた保守合同前の日本の政党政治の「保守」「革新」の対語が新しい解釈を迫られたわけだ。

今日の日本の政党政治は、米国と同様「保守」と「リベラル」の対語で、その勢力図がかなり説明がつくと思われる。

本書再刊は、弘文堂の鯉渕年祐会長と、鯉渕友南社長の父子の発議によるもので、私は両氏に深く感謝している。

平成二十六年（二〇一四年）五月

# 派　　閥

—保守党の解剖—

渡辺　恒雄

弘　文　堂

彼の知っている党はただ一つ、これまでも忠実だったし、死ぬまで忠実であることを変えない党、すなわち有勢な党、多数党である。

——シュテファン・ツワイク「ジョセフ・フーシェ」より

# 序文

高木健夫
（読売新聞論説委員）

人間三人集まれば派閥が出来るという。派閥のあるのは政界だけではない。学界にも、芸能界にも、財界にも、そして誰の周囲にもあるものだ。人間社会のどこにでも派閥のない場所はない。だが政界の派閥、政党の内部の派閥ほど、派閥がその姿を、正体を、本質を、むき出しのままにあらわし、自己主張しているところはあるまい。〝派閥〟という美醜さまざまな、あらゆる人間的つながりを包含した次元を通して、政治の動きを書いたのが本書である。

明治以来の政党政治史は、派閥抗争の歴史であった。明治の初期に、それは官僚権力へのレジスタンスの中から、呱呱の声をあげた。以来、昭和七年、犬養毅の暗殺事件をキャタストロフとして、軍部・官僚権力に屈して自滅の道を行き、ついに昭和十五年自らの手で政党政治の最後の息のねをとめ、全政党を解党するに至るまでの間、政党は常に官僚権力との妥協を繰返した。

戦前の政党の敗北史をかえりみるとき、戦後、息を吹き返した政党政治が、すでに安定した基礎工事を終ったとは思えない。軍部も占領権力もなくなったが、官僚勢力は新しいよそおいをこらして、政党を内部から侵蝕しようとしている。著者は政党政治に対するこの新しい脅威を主題にして、戦後の政党史を眺め、その派閥抗争の歴史の中にこの新しい脅威の実態と、それに対する政党の抵抗と克服の可能性を考えてみようとした。

もとよりこの試みが全部成功したとはいえないだろう。政党の分析が、特にここでは保守党だけに限られ、しかも参議院の保守党に言及し得なかったのは残念だが、別な機会にこの書の続編として、革新政党の派閥を、そしてさらに戦前の政党の派閥抗争史をもとりあげることを著者に望みたい。

政党が、その現情において、どんなに腐敗し堕落したものであろうとも、我々は政党政治そのものの否定を結論すべきではあるまい。いかなる形でもの、全体主義に、政党を売り渡してはならない。その意味で、現在の政党の実体である諸派閥間の抗争の中に、著者は否定的要素と肯定的要素とを見分け、たらいの水を赤児と一緒に流さないよう努力したと思う。

一九五八年　盛　夏

# 推薦の言葉

大野伴睦
（自由民主党副総裁）

政党内には派閥がある。保守政党でも革新政党でも同じことだが、この派閥の実相を見なければ、生きた政党を知ることは出来ない。

政党の派閥に対する世論の批判はきびしい。その批判の中には、ミソもクソも一緒にして、ただ一挙に派閥をなくしてしまえという声もある。だが派閥が何故生れ、何度も党の内外で「派閥解消」が唱えられて来ながら、なくならずにいるには、いろいろな理由がある。この本は、これを日頃政党の中を歩き廻っている若い新聞記者の感覚でとらえ、政党とその派閥の内実をかなりきびしく批判的に解剖している。その批判は、アカデミーの窓から眺めた死んだ批評でなく、著者の耳と目と足とでとらえた生きた批評である。中には私と見解を異にする点もなくはないが、著者は真面目に政党政治の前途を考えながら、保守党というものをよく掘り下げていると思う。特に戦後の保守党史をよく調べ、各派閥の生れて来た事情と、現状を正確に語っている点がよい。

私は青年時代、学業半ばで護憲運動に参加し、再度監獄にぶちこまれたりしたのが始まりで、以来四十余年間、政党の飯を喰って来た。その間、庶民大衆の立場から官僚政治と戦い、政党政治を護るため努力して来た積りだ。このため戦時の翼賛選挙では非推薦で落選したりした。この本を書いた渡辺恒雄君も学生時代から政治運動に入った経験があるせいか、官僚政治、独裁政治というものを強く警戒し、その立場から、民主主義的な政党政治のあり方を考えている点が、本書を貫く特徴である。

政党人や政党関係者だけでなく、政治に関心を持ち、政党を知ろうとする人々に、広くこの本が読まれることを望んでやまない。

一九五八年　盛　夏

目次

後篇　派閥の形成と領袖の系譜

【資　料】

# 前篇　派閥の芽生え

# 第一章　派閥と領袖

## 派閥の宿命

政党の歴史は、また派閥の盛衰と離合集散の歴史であった。いくつもの派閥の絶え間ない生滅の過程に、走馬燈のような政党の歴史は展開されて来た。その不断に展開される派閥抗争史は、この国の社会のあらゆる場面で展開されている人間間の派閥葛藤の拡大図のようなものでもある。そこには、あらゆる種類の人間的醜悪さも、時としては美談も表われる。派閥の争いは人間社会の宿命でもある。

変転常ない政界の動きの中に、数多い派閥の栄枯盛衰を見るとき、私は太平記や源平盛衰記をひもとくときのような、ある種の感興をおぼえる。そこは情無用の暗い世界でもあり、政治家たちの生命をかけた投企とギャンブルの勝負の世界でもある。

派閥の争いが、人間社会の宿命であるように、この国の政党史も、宿命的に派閥抗争史である。この書は、この宿命的な、絶え間ない派閥抗争史の中に、政党の本質を見つめ、政党内の派閥のもつ多面的な作用を解明して行くことを狙っている。そして戦後の保守党史の中で、どんな派閥が芽生え、どんな領袖が誕生し、あるいは滅びて行き、あるいは成長し続けているかをみようとする。

政党の派閥に対する世論の批判はきびしい。「派閥解消」の要求は、政党の内外から起っている。だがこの要求には、何かしら偽善的な、皮相な、政党政治に対する曲解が、かくされてはいまいか。この疑念のもとに、まず、派閥と領袖の誕生する過程、その特性を論ずることから、この書をはじめよう。

＊　＊　＊

さて後の各章にのべるように、派閥がどうしても生れ出てくる理由には選挙区制、政治資金源、政府与党人事の仕組、イデオロギー、政策の相違、党内運営の技術的な面より発生するグループ化……などがあるがその同じ理由から、政党——ここでは特に保守党——の内部に何人かの領袖が誕生する。

**党首と領袖**

領袖の存在は、すなわち派閥の存在を意味するのであるが、領袖の存在こそある意味で今日の民主主義政治の保証ともいえる。もし派閥のない政党が今直ちに考えられるとすればそれはファッショ政党であり、複数の領袖の存在しない政党は、ただ一人の独裁者の圧制下の政党を意味する。

党首が党内の他の領袖と、政治力において大きな懸隔がないことは、皮相な見方からすれば、党首の弱体、党首の政治力の薄弱ともいえようが、しかし、これはもしその党首が党員の多数の支持を失った場合、いつでも他の領袖がこれにとってかわることが出来るという可能性を持つことを意味する。デモクラシーを確保するためには強力な、抜きん出た、英雄的な存在としての党首は必しも有益ではないのである。

共産主義、ファッシズムのような全体主義は、強力な出来れば唯一人の指導者＝党首を必要とする。かつ党首を強力化するためには、党首を英雄化し、偶像化し、その能力において他の領袖との開きをぐっと大きなものにしなければならない。これと逆に、自由主義、民主主義は、党首を必しも強力、偉大なものにする必要はない。この意味で、今日の岸政権下で、保守党が、実力において岸首相と比肩し得る何人もの領袖を持つことは歓迎すべきことであり、それは決して岸首相の政治力の弱小さだとして歎くにはあたらないのである。

## 領袖の条件

領袖とは、政党の幹部、保守党の場合、派閥の〝親分〟のことである。わかり易くいえば何人かの陣笠代議士、すなわち〝子分〟を統率する有力議員のことだ。領とは衣服のエリクビ、袖とはソデのことであり、通常衣服はソデとエリクビとの二ケ所を持てばもっとも簡単にこれをとりあげることが出来ることから、何人かの国会議員のグループを動かし得る実力政治家のことを指す意味に転化したものであるといわれている。

領袖たるの適格条件をあげれば、

① 数人乃至数十人の国会議員を精神的に統合、指導出来ること。すなわち統率力。
② この議員グループに相当額の政治資金を供給する能力を持つこと。この際これに要する資金を自己の所有する財産でまかなおうと、広く財界等から吸収しようといずれでも差支えない。（現在の日本の保守党の場合大まかにいえば、盆暮に最低十万円より数十万円程度、総選挙等に際しては数十万円より、二、三百万円程度を議員一人宛撒布し得る能力が必要であり、平均年間数千万円、場合によっては数億円の政治資金を集める能力がなければならない。）
③ 政治家としての経歴が豊富なこと。原則として当選回数の長いことだが、官界、財界での経歴が長く、その方面での実力が評価されていればそれでもよい。（たとえば、鳩山一郎、大野伴睦、河野一郎、三木武夫、松村謙三らの領袖はいずれも当選回数が九回以上であるが、当選回数のなかった吉田茂、重光葵は官界での経歴がものをいったものであり、正力松太郎、藤山愛一郎などは財界での経歴及び財力から領袖として認められるに至ったものである。）
④ 子分である議員の人事の面倒を見、選挙を応援し、疑獄事件、選挙違反事件など政治家として不遇な境遇に陥った時も物心両面で支援すること。
⑤ 一定の政治思想の唱導者であること。（但しこの条件は保守党の場合必しも領袖たるの必要条件ではない。）

などがあげられる。もちろん、これらの条件は、一般国民から見れば、政治家の属性として、むしろ期待したくないものが多いことであろう。しかし今日、政治家、すなわち国会議員であるためには、一定の選挙区から選出されること、そのためには議員歳費をはるかに上廻る政治資金を要することが避けられない以上、その国会議員を統率するためには、これらの能力は不可欠である。

戦後の雑多な中小政党を包含吸収して出来た今日の大保守党は、外交、内政上の諸政策について、容易に一本化出来ないのはむしろ当然であり、このような雑多なイデオロギー、政策を持つ議員、衆参両院で四百名を越す議員の、院の内外での政治行動を統一するためには、これをいちいち総議員の大衆討議にかけることは出来ない。従って、少数の領袖の間で手際よく各種の意見をとりまとめることは、党運営の効率化のため、どうしても必要である。

**党外からの支配**

政党政治の健全な発達のためには、政党外の勢力に支配されないことが必要である。議会の政党勢力外にあって政権を掌握する内閣を「超然内閣」と呼んでおり、旧憲法下の日本や、帝政ドイツにはしばしば「超然内閣」が発生した。戦後の新憲法下の日本では、憲法の規定によりもはや「超然内閣」の存立は許されないが、全盛期の吉田内閣の如きは、党外から輸入された外交官出身の首相が、党領袖の意見を無視し、官僚出身議員を偏重した点で、本来の政党政治が多分にゆがめられた。

政党が官僚や軍部など、党外の勢力に支配されるとき、それは民主政治の破滅である。我が国の場合、第一次伊藤博文内閣より、終戦時の鈴木貫太郎内閣に至る四十一の内閣のうち、二十が官僚乃至軍部の圧力によって崩壊されている事実を考えると、今後といえども、党外勢力の圧力に動かされ、党外権力者の輸入により政党が支配されることは厳に警戒されなければならない。

この点より見て、戦後の保守政党が、幣原喜重郎、吉田茂、重光葵、岸信介など官界からの輸入党首を持ち、生粋の党人を党首にしたのは鳩山一郎、石橋湛山の例のみであったことは、不幸なことであった。(ただし岸の場合は、官僚出身だが、短期間ながら政党人としての修業を経ており、吉田、重光と同列に論ずるは誤りかも知れない。)

輸入党首を排するためには、党首を常に党内の領袖の中から択ぶことが必要である。先にのべたように、領袖には党歴が必要であり、領袖とは党人中の党人といわるべき人物でなければならない。従って党内の領袖から党首が択び出されるという慣行をうち立てることこそ、今後の政党政治のひとつの課題である。この意味で、領袖たるの適格条件をひとつつけ加えるならば、それは党内にあって次の党首の候補となり得る人物であることである。

**ゆるい結合と領袖**

政党内の結合は、社会主義政党や全体主義政党の場合きわめて強固なものになり、領袖及び派閥の存在が排斥され勝ちであるが、これに対しゆるい結合を長短両面の特徴とせざるを得ない保守党の場合、領袖及び派閥の存在が必然的に生れるものであることは、前述したところでも示されている筈であるが、アメリカの政党においても、領袖は大統領、副大統領、有力国会議員、議会の常任委員長、全国委員長、各州の有力な知事、その他の役職を離れている党長老といった形で存在しており、これらの領袖はしばしばボスとも呼ばれ、組織化された腹心を持つ。この場合この腹心の組織はマシーンMachineと呼ばれているが、ゆるい結合の米国政党の場合、このボスとマシーンとの結合による動きが、党の運営を一面で効率化する働きをなしている。

さて、日本で最初の政党内閣は、明治三十一年、伊藤内閣の退陣によって出来た大隈・板垣内閣であり、戦前最後の政党内閣は、昭和七年五・一五事件で崩壊した犬養政友会内閣である。この間何人かの党の領袖が党首として政権を掌握したが、犬養内閣の崩壊とともに、政党政治が退潮してよりみれば、党領袖が党首となって政権を担当する政党政治本来の慣行が保守党内にほぼ確固としたものとして作られたのは、昭和二十九年の鳩山内閣以来のことであり、特に保守合同後の「総裁公選」の制度は、党の領袖とならなくては、党首になれず、従って政権をとることが出来ないという好慣行をより堅固なものにしたようにみえる。

**党首の条件**

では、党首たるものの適格条件として、党内一派の領袖であることのほかに、どのようなものが考えられるであろうか。今アメリカの政治学者メリアムMerriamが党首として成功した者の特徴としてのべたところをあげてみよう。（小松春雄氏の論文「政党と権力」より）

① 社会の人心の動きをすばやくとらえる感性のある者（米共和党マッキンレー大統領、民主党ウィルソ

ン大統領）

②　人間的魅力を備え社会各層と接するのに巧みな者（フランクリン・ルーズベルト大統領）

③　他の政治集団と巧みに交渉し、その敵意を柔げ得る者（英国自由党ロイド・ジョージ）

④　文章、弁論、態度などにおいて劇的表現の巧みな者（英自由党首グラッドストーン）

⑤　公式、スローガン、政策、条約、イデオロギーなどを創造する才能のある者（ニュー・ディールのルーズヴェルト、ドイツ人民党首シュトレーゼマン）

⑥　決断力と勇気に富む者（英保守党首チャーチル）

これらが党首たる者の条件であるとし、戦後の保守党々首を批評してみるならば、まず吉田茂は①②③④⑤とも欠如しており、僅かにその独裁的決断のみを買われたものであった。次に鳩山一郎は①②④⑤について相当魅力を発揮したと思われるのは、官僚育ちの吉田に比し、鳩山が生粋の党人育ちであったためであろう。石橋湛山はジャーナリスト出身者だけあって、これらの要件を多少ずつ具備しているようにみえたが、人事面などではまったく決断力を欠き、全体として採点される余裕もないままに退陣してしまった。最後に岸信介は①②③につき、その素質を持っているようだが、④⑤については期待できず、⑥の勇気と決断力に至っては「両岸」のニックネームのように、まったく欠けているのではないかと思われるフシがある。

しかし、党首に何か偉大な才能や、能力を期待することは、非常時代ならともかく、平時においては必要ではない。むしろそうした期待こそが党首を英雄化し、偶像化する危険をはらむものである。また実際問題として、今日の保守党内の人材を見るとき、偉大な才能や能力は、当分誰にも期待できないであろう。

してみれば、党全体の運営を民主化し、能率化し、党の公約した政策を遂行するのにもっとも容易であり、政党政治の筋道を動揺させないような機関として最適な党首を選出する慣行をうち立てることだけが必要なのであって、そのためには、領袖というもののあるべき性格を明かにし、領袖といわれる人々に対し絶えず政党政治家として適格であるか否かの批判を忘れないことが大切であろう。

我が国の議会制度、政党政治体制について論じられるとき、しばしばイギリスのそれが範とされ勝ちである。イギリスの保守党の党首はきわめて大きな権力を持っており、党首の意向が、党の政策を強く方向づける傾向がある。これをもって直ちに日本の保守党の党首の権力集中の理由とするものは危険だ。後述するように、日本の保守党の場合、党規約によると総裁の権限は大きく、それだけでなく総裁中心体制を強化することこそが党の強化だと思い込むような風潮が少くないようである。

イギリスにおける党首の権力集中は、永い間のイギリス議会主義の伝統から生れ出て来たものであり、党首独裁の危険のない政治的基盤の上に作られたものであることを忘れてはならない。英国保守党は、その中央機関として、各地方支部や所属団体の代表を広く包括した中央評議会(Central Council of the National Union)及び各種の顧問委員会があり、党首に助言し、党首の行動を制約する民主的な機構が整備されている。

我が国の保守党が、党首の権力をより一層集中する方向に進むとすれば、その過去の暗い歴史をふりかえるとき、寒心に耐えぬものがある。筆者はこの意味で、日本の保守党はまだまだ派閥と領袖の健全な育成につとめるべき段階にあるように思うのである。

# 第二章　派閥と政治資金

## 財閥の解体と派閥の発生

政党の派閥活動が、戦後の政党で特に著しくなった理由のひとつには財閥の解体がある。

戦前の政党は、陣笠代議士に対し、おおむね党首（乃至幹事長）が政治資金の供給を一手にまとめて行っていた。たとえば政友会の大党首であり、最初の「平民宰相」といわれた原敬は毎年の暮にはデンと自宅に構え、金のなさそうな陣笠を行列させ、手ずから越冬資金を渡したものであった。それぞれ選挙区に帰る陣笠は、この原総裁のくれる一束で、選挙区に対する手当にあてたのである。当時の陣笠連は、今日のようにそれぞれの親分から二本三本（二十万円とか三十万円）と軍資金の供給を仰ぎ、どの親分が最も景気がよいか、その金庫の中味を気にしないですんだのである。

というのも戦前は三井、三菱という大財閥があり、政友会は三井から、民政党は三菱からといった具合に、大財閥から大政党の党首のもとにまとめた金が流れた。今日でいえば何億という金であり、当時では何百万円という額であったろう。

ところが、戦後はこういう財閥は解体され、代っていくつもの大産業資本や大成金が登場した。これらの大資本、大成金がそれぞれ個別的に政界の実力者にルートを持ち、各個のルートを通じて財界から何人もの政界実力者、言いかえれば各派閥の親分に資金を流すことになった。

こういう政治資金撒布の新形態に応じて、陣笠級代議士はそれぞれ政治資金を供給する固有の親分を持つこととなった。

ここに政界に二つの階級が誕生したわけである。すなわち直接財界人に接して相当巨額の政治資金の提供を受ける〝実力〟を備えたクラスの政治家と、単独で財界人から所要の政治資金を受けるほどの〝顔〟のないクラスの政治家とである。俗な言葉でいえば前者が〝親分〟となり、後者が〝子分〟となるわけだ。この親分が今日一般にいわれる「党内実力者」のことだ。もちろん〝子分〟クラスの中にも、一家をなした財産家もおり、逆に子分の方から親分に資金を提供しているケースもあるが、それはきわめて僅かで一般にみてこういう定式が生れて来たのである。

これは消極的な意味で、政治の民主化に伴う一形態だと思う。戦前のような形でごく少数の大財閥から政党の党首に直接巨額な資金が流れれば、結局大独占資本の意志が一方的に政治を動かすことになる。しかし各種の産業資本が、それぞれその資金ルートを通じて政界を動かせば、それだけ各種の業界が独自の意見を政治に反映させ得ることになる。これは産業家、資本家個人の意志反映というだけでなく、産業別の意志反映ということにもなり、また大企業のみでなく、横の連携をとれば中小企業といえども政界に対し大きな影響力を持つことが出来る。鮎川義介(参議院議員)のひきいる中政連(中小企業政治連盟)が現に政界に対する強力な圧力団体となっているのもその一例であろう。

このような現象は革新政党にも似たような形でみられる。すなわち総評のような大労働組織から各単産組合に至るまでが、革新政党の代議士に対する政治資金供給を通じて実際政治を動かし、この資金に対応して党内に左派、右派などの派閥が存在していることがそれである。

戦前もこの大財閥→党首→陣笠という一元的ルートの部分的解体とともに、政党の派閥の発生がみられた。これは軍需産業の勃興という事態に即したものとみられる。政友会が久原派と中島派に分裂したケースは一面この定式の現象とみられよう。中島飛行機という成金、一方では久原鉱業を中心とする久原新興財閥、この両者を背景として久原房之助と中島知久平の二人が、政友会を割って大きな派閥を作ったケースは、この典型的現象とみられる。

**最初の派閥＝藩閥**

ここで明治以後の政界の派閥の形態を概観してみよう。

その最初の形態は〝藩閥〟であった。明治の政党の興起そのものが、藩閥政治権力に対する戦いに外ならなかった。官僚・貴族等当時の特権階級の代弁者であった山県元帥はもとより、政友会の初代総裁である伊藤博文すらも当初は政府は政党に超然たる存在であるべきことを信じて、政党政治とは反国家的派閥抗争の表現だと考えていた。(伊藤はその後民論の興起におされて結局政党政治により議会を運営しなければならぬと考えるに至ったが。)その時代の政権は薩摩・長州・土佐などの藩閥勢力の交代に過ぎず、日本で最初の政党内閣であった憲政党の大隈内閣(隈板内閣といわれた)が成立したのは明治三十一年になってからであった。

この憲政党は同年六月二日自由党と進歩党の二政党が合同して結成されたものであり、隈板内閣には大隈重信以下旧進歩党系が五、板垣退助ら旧自由党系が三の閣僚の椅子を持ち、実質的には旧両党の連立内閣だった。このうち板垣のひきいる自由党系すら九州・土佐・関東の三派に分れ、藩閥勢力に対抗したはずの政党陣営の中にすら藩閥意識の名残のようなものがみられ、さらに自由・進歩の派閥争いの結果、憲政党と憲政本党に分裂し、結局当時の陸相である藩閥勢力の代表者桂太郎の策謀に乗じられてこの内閣は倒れ、再び政権は政党の手から官僚・貴族の総帥山県の手にうばわれ、同年十一月八日の第二次山県内閣の成立となった。

**藩閥の克服と近代政党の誕生**

こうした試練を経て明治三十三年に「立憲政友会」が、大正四年には憲政会が誕生、将来の政友・民政の二大保守党対立の基礎が築かれた。この政党勢力が従来の藩閥勢力を完全に克服して政党らしい形を備えて来たのは日清、日露の両戦争による軍需景気により、機械工業、化学、炭鉱、石油などの工業が大発展を示し、日本資本主義が急速に成長し、近代ブルジョアジーがめざましく登場してからである。すなわち官僚・貴族の藩閥形成による政権独占から商工市民による政権支配に次第に近づき始めてからである。こうしてやがてどんな政権も三井・住友ら大財閥の意向を無視しては政治を運営できないようになって行った。明治四十四年八月に成立した第二次西園寺内閣には大蔵大臣に日本銀行の山本達雄を据えたが、これが財界人の主要閣僚の椅子を占めた最初の出来事であった。

そして、これとともに、大正・昭和を貫ぬき今日に至るような政界と財界との関係が次第に形作られて来たのである。

**三井・政友**
**三菱・民政**

右にのべた第二次西園寺内閣の倒れた後は桂内閣が出現するが、すでにこの桂のバックには三菱があり、桂は当時の国民党の代議士懐柔に三菱の金を多分に使ったといわれる。さらに桂の新党組織計画をついで大正二年十二月に加藤高明を総裁とする立憲同志会が成立、これが大正四年に至り同じく加藤総裁の下に憲政会が誕生、さらに昭和二年浜口雄幸総裁の下に憲政会と政友本党が合同、「立憲民政党」が生れたのであるが、この民政党の元祖ともいうべき加藤高明は三菱の女婿であったところから、民政党の政治資金は三菱がおおむね面倒をみることになり、三菱と競争する三井は、憲政会—民政党の敵党政友会を支持するという傾向が長い間続いたのである。(ただし三井・三菱といえども完全にそれぞれ政友・民政の一方にだけ資金を流したとはいえない。政権は交代するものであり、反対の党が政権を握った場合財閥として不便を生ずるので、両党にそれぞれ適当に資金を廻したのであろうが、それは今日の財界が社会党にも政治資金を適当に供給しているのと同程度くらいのものであったろう。)

政党の凋落する直前、昭和七年の血盟団による三井理事長の団琢磨の暗殺は、政友会の犬養内閣が行った金輸出再禁止の措置をめぐり、また当時の「ドル買事件」も影響し、政友会と三井との関係が世論の非難を浴びたことが原因であり、今日の政界と財界との関係より、当時は一層密着した直接的な関係にあったことが想像できよう。

### 戦時の資金源＝軍需財閥と臨軍費

五・一五事件による犬養内閣の崩壊と斎藤実による挙国一致内閣の出現は戦前における政党内閣の終焉であった。以来財閥と政党との以前のような単純な形での直接的関係も次第に稀薄となり、政界に対する政治資金の供給は軍需工業と結びついた新興財閥と、臨時軍事費を湯水のように使えるようになった軍部とであり、新官僚勢力の勃興がこの潮流に棹さすものであった。

新興財閥の誕生は前述した政友会の久原派と中島派とへの分裂の背景として見られようし、政党の解消と国会の翼賛政治化とは臨時軍事費の派手な撒布なしには考えられないといえよう。

### 神秘のヴェール

さて戦後は大財閥の解体、臨時軍事費をばらまいた軍閥の消滅により、大口の資金供給源を失った保守党は新興成金やいくつもの大会社から多面的にせっせと政治資金を集めなければならなくなった。このことは戦前に増して党幹事長の椅子を重要なものにした。幹事長こそが、このせっせと金を集め、これを陣笠に供給する役目だからである。従って幹事長の椅子をめぐる党内各派の獲得戦は党首争いと同程度にはげしいものとなった。

財界の側も一応保守党に対する献金は、幹事長を通じて提供するとの立前をとっているので、政治資金はもっとも集中的に幹事長の手もとに入ることになっている。とはいっても幹事長の手もとに入る資金の全部が、明確に党の会計帳簿に乗り、また政治資金規整法にもとづき届出られるというならば、幹事長の椅子はそれほどウマミのあるものとはならない。どこからともなく入り、どこへともなく出て行く不可思議な政治資金が相当額に及びそれが大量に幹事長の手もとに入るというところに、幹事長の持つウェイトを増す所以があるのだ。イギリス自由党の領袖である政治学者のラムゼイ・ミュア Ramsay Muir は「政治資金は多くの場合神秘のヴェールにつつまれている」といっている。

幹事長は盆暮定期的に、また不定期的な総選挙時に国会議員に資金を撒布する際、自派の議員には多く、他派の議員には少く撒き、場合によっては反主流派の議員には全然渡さないというような差別待遇ができる。そのような手心を加えることが幹事長及び幹事長を出した派閥のひとつの特権なのである。こうした際、多額を貰った議員が幹事長に対し比較的恩誼を感じ、このような機会を通じ幹事長が子分を養うことができる。

幹事長というポストが、財界から金を集めるに最も有利なポストである一面、幹事長になるためには相当額の金を集める能力を有するという条件が必要である。党首の統制力が強く、幹事長が党首の完全なメッセンジャーである場合は別である。吉田内閣の広川幹事長などはその例で、独裁者吉田のメッセンジャーとして財界を駈け廻っているうちに集めた資金にものをいわせ、何十名という子分を手なづけたものだが、それだけに権力の座からすべったトタンに一切の神通力を失い、一人の子分も居なくなってしまった。これはメッセンジャーとしての幹事長の典型であろう。

また吉田ワンマンが福永健司を幹事長に起用して大野派を中心とする党内の反対によってつぶされたことがあったが、党歴も年齢も若い福永起用の考え方は、幹事長を総裁のメッセンジャーとする考え方の極端な表われで、今日ではこういうクラスの幹事長の出現はむずかしい情勢となっている。

吉田内閣の全盛時代が去って後、その末期に池田勇人が幹事長に択ばれたのは、吉田ワンマンの信頼の篤かったこともあるが、大蔵大臣時代に作った財界に対する〝顔〟すなわち金集めの力であった。吉田内閣が倒れて以来、保守党内の派閥の単位がより強力に堅固なものとなり、その単位数がふえてから、幹事長の個人的能力、財界に対する顔はますます必須のものとなってきた。すなわち党内独裁体制が破れ、派閥活動の余地が増加するにつれ、幹事長個人の実力が要求されてくるわけである。

保守合同以後、自民党の幹事長たる者の要件は、毎月一千万円の経常費を集め得ることだといわれている。各地の遊説費や事務局経費などが毎月一千万円必要であり、盆暮の手当なども入れれば年間一億数千万円から二億円程度の経常費を調達し得る力が幹事長に要求される。

鳩山内閣時代幹事長争いがあったときこの実力を有する者は岸信介、河野一郎の二人きりだといわれた。岸が首相に就任した今日の幹事長川島正次郎は、いわば岸の分身のようなもので、岸の名で金を集めているだけに、その散じかたもかつて無いほど気前が良いようだ。

岸首相にしても、今日の最多数派である〝岸派〟を作り出したのは、主としてその幹事長の椅子のもたらした効用に負うところが大きい。岸氏はその幹事長時代、急速に膨脹する岸派の数について、筆者ら新聞記者に「あれは〝岸派〟ではないよ、〝幹事長派〟さ」と皮肉っていたのも、幹事長というポストの持つ効用の一端を示す話であろう。

## 派閥解消運動のカラクリ

岸首相の発意で三十二年九月自民党内の〝派閥解消運動〟が大野副総裁、川島幹事長によって起された。大野副総裁は「世論が保守党の派閥活動を非難し、その解消を要求している以上、党最高幹部たるものは率先して派閥の解消を実行しなければならない」とこの運動に協力し、真先に、党内でも結束の固いことで知られるその白政会を解散してしまい、ついで河野派の春秋会や、旧吉田派の丙申会に対しても解散を要望、この結果丙申会、春秋会とも政治結社としては正式に解散した。

岸首相がこの派閥解消運動を発意した理由は、しかし、世間が考えていたような体裁のよいものではなかった。その本当の狙いは、各派閥の政治資金ルートを断ち、財界よりの献金ルートを幹事長一本にしぼり、資金面での総裁独裁体制を作り上げようということに外ならなかった。あえていえば保守党内の翼賛会化への一歩だともいえる。すなわち党内民主化の逆行への要素を持っていた。

この派閥解消運動の直接の動機は、川島幹事長が某著名大会社に政治献金を受けに行った際、その会社の重役から「私の会社では幹事長を通じて自民党に渡す金の三倍の額を、幹事長以外の自民党議員の手を通じて献金させられている」とこぼされたことに始まる。川島幹事長はその重役に「今後の献金の窓口は一本にしぼり、そのような迷惑をかけないようにしましょう」と約し、直ちにその旨を岸首相に報告、岸首相はこれに対する具体的措置として派閥解消の実行を求めたのである。

この重役の言葉は、自民党への幹事長を通ずる正式献金ルートのほかに、各派閥の親分がやって来て総計三倍に達する額の金を持って行くという事実を物語っているわけだ。

どんな大会社でも戦後は経理上戦前のように帳簿に乗らない機密費を政界に流すわけには行かなくなっている。税務署の調査がきびしく、簡単に二重帳簿を作ることが出来なくなっている。従って会社側は献金の度ごとに、受取った代議士から領収証をとる必要に迫られてくる。もちろん十万円や二十万円の金ならば、領収証もなしに支出することが出来ようが、何百万円、何千万円という金額になると他の費目による支出として帳簿に記載するやりくりがつかなくなるのだ。

そこで多額の献金を受けた親分級代議士はその金額についてその代議士個人の所得として所得税を課税されることになる。この個人所得税は巨額なものになる。巨額の課税を免れるためには受取人を政治結社にして、政治資金規整法の適用対象にしてしまえばよい。このような事情から、党内の派閥が次々に政治結社の届出をした。自民党という政治結社の中に、いくつもの政治結社が存在するという珍現象を呈することになったのである。

因みに最初にこの税金逃れの妙手を思いついて結社届けを出したのは石橋湛山後援会であり、次が岸首相の後援団体である箕山会であった。

ここで岸首相としては、各派閥に結社届を取下げさせれば、それだけ各派閥の親分が大会社筋から献金を受けにくくなるという妙手を思いつき、この面で各派閥の背後の糧道を断って総裁の座を堅固にしようとしたわけだ。

これは封建時代の将軍が、封建諸侯に参勤交代を命じてその財政的負担を過重にし、諸侯の勢力を圧服し、将軍幕府の独裁体制を布こうとした思想に通ずるものがある。

## 政党は何故金がいるか

ここで何故政党が多額の金を要し、逆に金に支配されなければならないかを反省してみる必要があろう。十万円余の議員歳費及び諸手当は、議員の衣食住、自動車代を支払うのにも不十分な程度であることはいうまでもないが、現行選挙制度では、総選挙の度に一人数百万円以上を要するだけでなく、平時でも議員が選挙区に帰れば、県市町村会議員や村落の有力者を集めて宴会を開いたり、演説会を開いたり、また有力者に適当な資金をばらまいて、下部の有権者に対する饗応や宣伝組織に当らせなければならない。在京中も、上京してくる選挙民の接待、東京見物の案内などに、不断に費用を支出しなければならない。このような、一見中央政界の政治家としては馬鹿気たことを、まめに実行しなければ、どんな大物でも落選させられてしまうのが現実である。

一例をあげれば、三十三年五月の総選挙で唐沢法相が落選したのは、彼が法務大臣という違反をとりしまる立場に制約されて、公然と違反、すなわち買収が出来なかったためだといわれている。この場合、「違反が出来なかった」唐沢に、一部の同情は集まったとしても、一般に政界人は、彼が選挙下手だったとして軽蔑するのである。しかも落選しては、政界で一切の発言権を失い、少くとも落選期間中は政治家の死を意味する。良い政治をするにも、悪い政治をするにも、何よりもまず、政治家であらねばならず、従って議席を持たねばならない以上、当選するために手段を択んではいられないというのである。要は当選の条件を作り出す選挙民の自覚以外にはないのだが、ここ十年、二十年かかっても、この国の選挙民の自覚はまず期待できないだろう。してみれば、政治家が選挙で金を使うのは止むを得ないということになる。

選挙で金がかかるのは日本だけではない。どこの国でも、普通選挙の実施とともに、有権者数が増大し、この大衆に候補者及び政党の政見を理解させ、宣伝させるためには莫大な資金を要するようになって来ている。

たとえばアメリカでは、一八五六年の大統領選挙で、ブキャナンを当選させた民主党は僅か二万五千ドルを支出したに過ぎず、その次の大統領選挙ではリンカーンを当選させた共和党は十万ドル余を要しただけだったのに、一九四四年の大統領選挙では、共和党全国委員会は二百八十二万九千ドル、民主党全国委員会は二百五万六千ドルを支出した。このほか金国委外の党地方機関及び個人が支出したものを加えると、総計で共和党が千三百二十万ドル、民主党は七百四十万ドルを支出した。これは大統領選挙だけのことであって、二年毎の両院議員選挙にも同様の金額がかさみ、一九四六年の選挙では、諸政党及び各政治団体によって千二百二十万ドル余が費された。イギリスでも、最近では政党の支出は、保守党が約百万ポンド、労働党が五十万ポンド、自由党が三十万ポンド程度だといわれている。（吉村正著「現代政治の解明」より）

この多額の資金は、米英とも、少数の大会社からの供給に仰いでいる。もちろん、これは多くの政治の腐敗と堕落を結果するので、米国では一九二五年に「連邦腐敗行為防止法」が制定され、英国ではすでに一八八三年に「腐敗及び不法行為防止法」がつくられ、連座制、当選無効、公民権停止の罰則を附してきびしく取締っている。

**資金源一本化は危険**

政党に対する資金提供者が、政党の政治活動及びその政策に容喙することは、むしろ当然である。スポンサーが、その広告番組の内容に発言権をもってくるのに似ている。もし番組を本当に面白く、良いものとするためにはスポンサーの発言権を制限しなければならない。またもしスポンサーが若干の発言権を持っていたとしても、スポンサーが多数であればあるほど、番組も面白いだろうが、かりにスポンサーがただ一人乃至一会社のみであったならば、聴視者はうんざりさせられるであろう。

これと同様に、政党に対する資金提供者が、戦前の三井・三菱といったような、ごく少数の財閥に限られていれば、その政党は少数財閥に支配されて、国民に対しては良い政治を行い得ない。資金提供者が多数になれば、政党は社会の多面的発言を受け入れて、比較的よい政治を行い得るようになるだろう。この意味で、派閥解消運動の眼目とした資金源とその供給先の一本化は危険な要素をもっている。出来るだけ多数の資金源、及びその供給先としての政党領袖が存在することこそ望ましいというのはこの理由によるものである。すなわち資金源の多元化による派閥の発生は、むしろ好ましい現象ではあるまいか。

# 第三章　派閥と選挙区制

## 政治家と選挙地盤

初めに選挙区《ロゴス》ありき。民主主義国家で政治家となるためには先ず自分の固有の選挙地盤を持たなければならない。その選挙地盤こそ政治家にとって最も宿命的なものだ。特に衆議院議員にとって〝ロゴス〟とは第一に選挙区と訳さなければならないだろう。

どんなに多くの財宝を持っていても、どんなに深い識見を持っていても、この日本で政治家となるためには選挙にうって出てかつ当選しないことにはどうにもならないのだから、政治家にとって先ず第一歩は自分の選挙地盤を見つけることである。

（参議院の全国区議員は選挙区がないではないかという反論があるかも知れない。しかし参院全国区議員といえども、莫然たる個人の人気だけで出てくるものではない。組合とか業界とか、ある一定の職域階級とか、特定の地盤を持たない議員はない。がこの場合確かに〝地盤〟という要素は衆議院議員に比すればはるかにルーズなものになっていることは否定できない。このことがまた参議院における派閥が衆議院における派閥よりも比較的ルーズで、つかみ難いものになっている原因なのである。）

たとえ総理大臣になる実力を備えている人間でも、その選挙区から見離されてはもはや政治家失格である。帝国憲法時代には国会に議席をもたないものが首相になることが出来、また落選しても勅選されて貴族院議員に納まり相変らず国会での議席を維持することが出来たが、新憲法時代に入ってよりは、首相は必ず議席を持たねばならず、他の閣僚といえども議席を持たぬ者はきわめて僅かの例外であり、むしろ今日大臣になりたい者はまず選挙区をみつけることだといわねばならない。

さて今日の保守党の派閥発生の最大の原因はこの選挙区というものの持つ宿命の中にある。現在の政治家にとって〝政敵〟とは何よりも先ず自分と同一選挙区における競争相手である。この場合競争相手が政策をまったく異にする反対党の人間であるならば〝党の派閥〟の生じる余地がないのだが、同じ党内のいわば〝同志〟が競争相手であるというところに派閥というものの悲しい宿命がある。

話を具体的にしてみよう。東京A区という選挙区が三名の定数を持ち二名が保守党候補、二名の革新政党候補が戦うとする。この場合保守・革新の持つ票はほとんど固定しているから、保守党候補にとって、革新党の票を減らすように運動するよりも、同じ保守党のもう一人の候補が落選確実になるようにした方が、当選にもっとも手っとり早い方法である。もちろん革新派が一人落ちれば、保守派候補は二人そろって当選できるのだが、政策による選挙戦はその時の両党の国民的人気で左右され、個人の選挙運動によって選挙民の政党支持の方向を大きく動かすことは通常きわめて困難である。従って仮に革新派が勝勢を得、この選挙区で二議席を得ることがあっても、保守派候補はもう一人の保守派候補に対する優位を制してさえいれば必ず当選できるという理くつになるのである。

こうした傾向は、二大政党対立の形で、しかも比較的政府が安定し、国民の政治思想の変移の動向が穏健である場合に特に著しい。もし国民の政治感覚が鋭敏で、政党支持を絶えず極端に変えるような国であれば、このA選挙区の場合、三議席とも保守党か、革新党のどちらかが占めてしまうという革命的な政治現象が容易に生じることになり、したがって保守党候補が自党のもう一人の候補と争っている余裕はなく、何よりも革新派との戦いを第一にしなければならなくなる。すなわち同士討ちなどしている余地がないのである。こういう政治情勢のもとでは〝党内派閥〟の生ずる余地もまた少くなるのである。

**固定化した保守・革新の得票数**

ところが日本の場合、戦後の七回の総選挙の動向を分析すると、ほとんど保守票と革新票との間の大きな変動はないのである。戦後七回の選挙を通じ、その党派別当選議員数からみた各党の勢力は大きく変動しているが、保守・革新両陣営に大きく分けてその得票数をみてみると、革新票の変動は毎回百万乃至二百万程度であり、保守票の動きも特に昭和二十七年の選挙後は毎回僅か数十万票程度の移動しかないことは別表の示すとおりである。

この表で第二十二回総選挙の票数が多いのは二名連記制を採用したためで、第二十二回から二十四回に至る三回の総選挙の票数の移動が二十五回以後の三回にくらべて大きかったのは敗戦による社会情勢の大混乱のためであろう。二十五回以後の票の移動は安定した日本の政治情勢下における保守・革新両陣営の票の今後の動きを示唆するものといえよう。

特に最近三回の総選挙における保守票の移動幅の僅少さは、ますます同一選挙区内で保守党候補が競争相手を革新派より自派候補に見るという前述の傾向を決定づけるものである。

| | 保守陣営 | | | 革新陣営 | | |
|---|---|---|---|---|---|---|
| | 党名 | 得票数 | 議員数 | 党名 | 得票数 | 議員数 |
| 22回(21年4月10日)(但 連記制) | 自由、進歩 | 23,856,276 | 234 | 社会、共産 | 11,994,165 | 79 |
| 23回(22年4月25日) | 自由、民主 | 14,195,967 | 252 | 社会、共産 | 8,178,842 | 147 |
| 24回(24年1月23日) | 民自、民主 | 18,219,063 | 333 | 社会、労農、共産 | 7,721,414 | 90 |
| 25回(27年10月1日) | 自由、改進 | 23,367,271 | 325 | 右社、左社、労農、共産 | 8,664,926 | 115 |
| 26回(28年4月19日) | 吉自、鳩自、改進 | 22,717,348 | 310 | 右社、左社、労農、共産 | 10,204,311 | 144 |
| 27回(30年2月27日) | 民主、自由 | 23,385,272 | 297 | 右社、左社、労農、共産 | 11,923,307 | 162 |
| 28回(33年5月22日) | 自民 | 22,846,206 | 287 | 社会、共産 | 14,052,212 | 167 |

**同士討の悲劇**

すなわち政策の対立を基礎とし、反対党を攻撃することによって得る当選の可能性が、両党間の票の移動の小ささのためきわめてとぼしいということが、結局同一政党の他候補を落すための工作を成功させることによって得る当選の可能性を、圧倒的に強くさせるわけである。

この傾向は、現行の中選挙区制という選挙制度のもとでは、どうしても避けられないものである。これが一人一区の小選挙区制であれば、選挙戦はもっぱら反対党の攻撃に集中され、従って戦いは一応政策が中心となる。候補者にとって敵は自党の中にあるのではなく、反対党の人間であるというきわめて当り前の筋が通る可能性が生れる。

（但し小選挙区制下で選挙戦が政策中心となるというのは一応そうみられるというだけであって、実際は運動範囲の縮小によって、政策外の運動要素、すなわち買収、饗応やいわゆる「顔」などがものをいうようになる恐れは多分にある。）

一選挙区内における同一政党候補間のこのような形での対立は、党全体からみた場合そのまま党内派閥対立を生み出して行く。

同選挙区内で喰うか喰われるかの選挙戦を演じて当選して来た二人の代議士が、再び次期の総選挙までの半日常的な選挙工作を通じてお互に憎み合い、いがみあうであろうことはむしろ当然のことであり、そのように憎み合っている二人の代議士が中央政界で仲良く政治活動をやっていけるわけがなかろう。

そうしたどうしようもない利害的対立からこの二人は必然的に党内の別々のグループすなわち派閥に属し、相対立した立場の親分の下につくということになる。ここに党内派閥発生の大きな原因があるのである。

**小選挙区化の狙い**

そこで現行中選挙区制を小選挙区制に改正することによって党内派閥を解消しようという主張が生れてくる。岸首相はこの主張の強い提唱者で、岸氏が自民党幹事長時代に小選挙区法案の国会での成立を通行させようとし社会党の猛反対はもとより、党内からもさらに一般世論の強い反対を受け、失敗に帰したことは周知のとおりである。

岸氏らの小選挙区制の主張は①党内派閥の解消のほかに②中間的小政党の発生を防ぎ、キャスチング・ボウトによる国会運営をなくすこと、③小政党の存立を不可能にすることにより、合同した保守党が再分裂することが出来なくすること、④一人一区制となれば党の公認が候補者の当落を大きく左右することから、候補の公認権を持つ党首及び党内の少数実力者の党内に対する指導力を飛躍的に強化することなどを狙っており、このような狙いを持った小選挙区制は、党内派閥解消にきわめて有効であると同時に党内独裁制の出現に道を開く恐れが多分にある。さらに岸氏の狙いには⑤小選挙区化により革新票の死票を増大させることにより一挙に革新系議席を減らし、国会で与党の議席を三分の二を越させ憲法改正を断行しようとの意図もある。

**保守合同と選挙区**

保守党の大合同は吉田内閣時代から、あらゆる角度より企てられ、その都度難航を続け、ようやく昭和三十年に至って完結したが、この難航した理由は各派の政策の相違、領袖間の利害及び感情的対立もさることながら、これを困難に導いた最大の原因は、個々の選挙区での各党派閥の代議士の個人的対立であった。

選挙区で、喰うか喰われるかの闘かいを演じ続けて来た各代議士が、中央政界での領袖間の話合いの妥結という、上からの要因で、直ちに今後同一の政党で共同歩調をとれといわれても、それを容易に実行出来ないのは当然だ。このため保守合同が完成した後も各県下の自由・民主両党の地方下部組織はなかなか合同が出来ず、時間的に中央の合同よりはるかに遅れたのであった。

保守合同の利点の第一は、国会審議の平常化と政局の安定であった。事実保守合同が完結するとともに、予算案は毎年、年度内に成立したし、政局は安定して短期間に国会の解散を繰返す必要がなくなった。キャスチング・ボウト政治も解消した。

この利点を得た代償が、派閥の続出である。選挙区制を変更することなく、上からの力で統一したこの保守合同は、体内のバイ菌を殺すことなく、皮膚の傷面を癒したようなものであり、バイ菌は再びいつふき出てくるかも知れない。時限爆弾を抱いているような不安がある。

この時限爆弾的不安をなくす方法が小選挙区制の実施として考えられている。

去る三十三年五月の、保守合同後最初の総選挙で、地方遊説に廻った岸首相は、各地で論ぜられた保守党内のはげしい同士討をみて、小選挙区制実施の必要を痛感したということから、次の総選挙までには小選挙区法案を成立させるとの談話を発表した。

事実この総選挙での党内抗争は、まれにみるはげしさがあった。どの選挙区でも、自民党の各候補は、社会党を攻撃するよりも先に、同じ自民党の同一選挙区内の候補の個人攻撃に勢力を集中した。このような同士討ちの結果が、総体的にみて保守票をへらす結果になることは想像に難くない。

### 小選挙区化の困難な理由

では岸首相の言明したように小選挙区法案の成立は出来るだろうか。理想的な内容での小選挙区制の実施はほとんど不可能ではないかと筆者は考える。

現在の中選挙区制下で、地盤の重複しているところが、小選挙区になることによって直ちに解消する選挙区においては問題ない。しかし、現行中選挙区制下で主地盤が重複しており、この重複が小選挙区制になることによってなお一層決定的になるような選挙区にあっては、現在議席をもつ代議士にとって、死活の問題が起きる。

といって、このような小選挙区での保守党同士の地盤の重複を解消させるために、再びゲリマンダー区割を作ることは、世論の反撃がきびしく、とても不可能である。そこで、今度小選挙区法案を提出しようとすれば、その内容は、かつて選挙制度調査会が作成したような、純理的な小選挙区割でなければならない。

もしそのような純理的な区割を作ったとすれば、小選挙区が実施されれば同一地盤の重複のため必ず落選するという代議士が百人近く出る勘定になる。小選挙区になれば落選するにきまっている代議士が、たとえ党議決定を盾にとって党幹部が迫ったとしても、国会審議で賛成投票するものはきわめて僅かであろう。仮に与党から百名近く反対にまわれば、社会党の反対と合せて、法案の否決は間違いない。

先に小選挙区法案が提出されようとしたとき、これに反対の署名をした代議士は自民党内で百名に達したことを思えば、このような可能性は否定できない。この時の反対派が賛成に廻ったのは、ひとえにゲリマンダーを作ったという理由だけなのであった。

## 党首独裁の強化

私見はさておき、仮りに小選挙区が実施された場合の政党内の事情はどうなるだろうか。

まず中小政党の存立が不可能になり、党内で党幹部の意見や、党機関の決定した政策に反対であっても、脱党することが出来なくなる。もし党から除名されれば、余程強力な固有の選挙地盤を持つ者でもない限り、落選は確実である。一人一区を原則とする小選挙区制下では、保守・革新二大政党以外の小党の立候補者や無所属候補は、中選挙区に比し、まず決定的といってよいほど、当選は困難になるからである。従って党中央に反対の意見を持っても、これを政治に反映させることを断念して、党内多数勢力、すなわち主流派、そして結局は党首の意向に従わねばならなくなる。

次に、党の公認決定が、その党の候補者の当落をまず八分通り決定することになる。候補者数が絞られれば絞られるほど、この傾向が強くなる。しかもこの公認決定に関しては、通常党首及び党主流の領袖が圧倒的に強い発言権を持つ。これらのことは、小選挙区制を通じ、党首がその独裁権力を集中、強化する可能性がきわめて強いことを意味する。

小選挙区制は、このようにして党首の権力を強め、党首に反対の立場をとる派閥の議員を急速に消滅させ、反主流派の領袖を弱体化させる上にもっとも有効な方法である。しかし日本の政党が、現段階でこのような党首独裁化の方向をおし進めることは、日本の民主主義政治を健全に発展させるものとは思われない。

# 第四章　派閥と猟官

**政治家の夢**

政治家、特に保守党の政治家の場合、国会議員たることが最初の目標であり、国会議員になった以上はその目標は閣僚となって一省の行政を支配することであり、閣僚になれば、どんな人間でも党総裁＝総理大臣の地位を狙うものである。革新政党であっても、一度与党になれば、政治家たるもの誰しも同様の欲望を持つことは間違いない。

そこで、国会議員は閣僚になるために、あらゆる種類の手段を考える。同じことが閣僚の椅子だけでなく、政務次官、国会の常任委員長、党の上級役職などを得ようという欲望になっても表われている。

こういう高級の役職・地位というものは、名誉というだけでなく、各種の実益をもたらす。

**大臣の効用**

第一に選挙での条件をよくすることである。

どんな代議士でも、またどこの選挙区でも〝大臣〟になったという事実だけで、総選挙で一万票、乃至二万票は黙っていて票がふえるものである。その最たる例が鳩山一郎の場合だ。戦後の総選挙のたびに、鳩山は八万票台から十万票台の票を固めていたが、総理大臣になったとたんに、三十年二月の総選挙では一挙に十五万票をとった。これが政権の座を離れた後の三十三年五月の総選挙では、何と半分の七万票台にまで一挙に下落した。これは〝総理大臣〟という看板が約五万票前後の票数となってあらわれるという実例を示しているものだ。これが全国でも有権者の知的水準が最も高いといわれる東京一区（千代田・新宿・文京・港・中央・台東）での出来ごとなのだから、他はおして知れよう。

地方によっては、党の幹事長の肩書より〝政務次官〟の肩書の方が、モノをいう場合すらある。封建時代から明治の官僚専制時代を経て今日に至った民主主義日本では、未だに官尊民卑の弊風が牢固として残っている。これが大臣、政務次官などの肩書が総選挙で一万票、二万票という票になって表われ出てくる原因である。鳩山内閣の行政改革の際に、自民党で真面目に「政務次官」という名称を「副大臣」と変えようという案が考えられていたことも、国民の〝大臣〟という名を有難がるこの官尊民卑思想に追従しようとする政治家の気持を露骨に表わしたものであったし、石橋内閣の自治庁長官田中伊三次が、その「長官室」の名札を「自治庁大臣室」と書き直させて話題をまいたのも無理ない話であったろう。石橋内閣の文相灘尾弘吉は、当初党政調会長の椅子を割りふられたが、彼はこれを断然拒否し、文部大臣の椅子を頑強に要求し、結局文相の座についた。当時筆者らは、中央政界の常識として、伴食大臣の椅子よりは、党三役の椅子の方が、中央の政治家としてははるかに重要なものであることから、彼の気持を不可解に思ったものだが、恐らく内務官僚育ちの彼自身の思想の中にある官尊民卑思想の残滓と、その選挙民に対する〝文部大臣〟という金ピカの肩書の示す効果的な作用に対する思惑とが、彼をして政調会長より伴食大臣の椅子を熱望させるに至ったものであろう。

**大臣と利権**

大臣の椅子の効用は、選挙での票集めという効用だけではない。この椅子にまつわりつく大きな利権も政治家にとって貴重なものである。

池田勇人が今日保守党一級の実力者となったのは、大蔵大臣時代、財界に対して売った〝顔〟によってである。もしやる気にさえなれば、大蔵大臣の椅子を利用して、国税庁官僚に意をふくませ、大会社の税務査察に手かげんを加えることによって多額の政治献金をせしめることが出来るし、また財政金融政策を左右することによって兜町の相場に半ば思うままの変動を与え、この特権を通じて、関係業界に対し利益を与え政治献金を促進することが出来る。池田勇人がどんな方法をとったかは知らないが、彼の政界での〝実力〟の内容は、そのぼう大な政治資金を集め、保持するという能力にあることは間違いない。

鳩山内閣組閣の際、自ら蔵相を望んでなかなか譲ろうとしなかった石橋湛山を斥け、三木武吉ら鳩山の側近参謀が、一万田尚登を蔵相に起用したのは、一万田の金融界に対して持つ〝顔〟が、やがて莫大な政治献金を約束してくれるとの期待によったものであったが、「手を汚す」ことを嫌った一万田はこの期待を裏切ったために、一時鳩山の後継総裁の呼び声が高かったにもかかわらず、いつしか石橋・岸などに先を越され、今日の冷飯時代を結果することになってしまった。

大蔵大臣だけではない、通産大臣、農林大臣、運輸大臣、建設大臣などの椅子も莫大な利権を生み出す椅子であり、通産、農林は、党内の各派閥で何とかこれを自派の手中に納めようと争う対象となり勝ちである。第二次岸内閣では、農林大臣をめぐって岸派と河野派との間で争奪戦が演じられたが、このことは同じ主流派の同盟派閥の関係にありながら、政治資金源を何れが確保するかという点ではいかに激烈な争いを演ずるものかを示したものといえよう。この争奪戦の結果はいうまでもなく、河野派の敗北に終り、同派の有力農相候補重政誠之が斥けられて、岸派の三浦一雄が農相の座につくことになったものだ。

政界での〝力〟は何よりもまず〝金力〟である以上〝金力〟を生み出すこういう〝大臣〟の椅子が高価な価値を持つことは当然のことであろう。

**栄典としての大臣**

次に、名誉欲の対象としての大臣の椅子の効用について考えてみよう。今日の日本では戦前のような爵位、位階がない。勲章でさえ、死なない限りなかなか貰えない。戦前なら売勲売爵ということがあり、金で栄典を買うことが出来た。また官僚や、国会議員は、高貴な栄典を黙っていても得ることが出来た。皇室や国家に多額の献金をすれば男爵さまになることも出来た。総理大臣や大臣の椅子にいつまでもしがみついていないでも、男爵や子爵にでもして貰えれば、当時の政治家はさっさと引退しただろう。政権にしがみついて、さんざんの悪評を残した吉田茂にしても、もし戦前のような栄典があり、伯爵にでもして貰えば、もっとずっと早く政界を引退したことであろう。鳩山一郎も、侯爵にでもなっていれば、三十三年の総選挙では代議士にうって出ることは止めていたのではないか。

同様に財界の大物といわれ、富豪と呼ばれる人物が「○○会社社長」というような肩書に満足出来ず、一度「大臣」と呼ばれて見たいばかりに政界にうって出る例が、戦後は非常に多くなった。

### 大臣になる方法

こうした名誉欲本位の人たちは、多額の政治献金により「大臣」になることが出来る。しかしこういう人々は「政治家」としては有能ではないから、通例無任所大臣、せいぜい北海道開発庁長官あたりの伴食大臣の椅子を与えられ、間もなく消えて行ってしまう。戦後金力で衆議院議長にまでなった人もあるが、その人物は議長としてはどうにも評判がよくなかった。

しかし金力による猟官をできる人、またする人は数が少ない。多くの国会議員は、政治献金によって大臣になり得るほどの金力を持っていない。そうした場合、大臣になる最短距離の方法は、ある派閥に属し、その親分の推せんによって入閣する順序を待つことだ。

### 入閣の序列

最近の保守党内の各派閥では、組閣や内閣改造の際に入閣する序列が自からきまって来ている。組閣や内閣改造で、いくつの閣僚の椅子を獲得するかという各派間の争いとは別に、各派内でその割りふられた一乃至三程度の椅子に誰がすわることができるかという点で、小規模な葛藤が各派内で起るのが常であるから、政党の領袖たるものは、その子分間の紛争を防止するためにあらかじめひとつの秩序を作っておく必要が生じて来た。すなわち入閣の派閥内序列をきめておくことである。

この序列を決定する要素としては

① 当選回数。
② その派閥の強化にはらった功績、その領袖にささげた忠誠の度合。領袖に献金した額。
③ 経歴。たとえば官僚出身議員で、事務次官まで昇進したものは、ほぼ当選三回分に計算されるのが通例である。
④ 行政的手腕。

などがあげられよう。

この四要素中、最も基本的に重視されるのは第一の当選回数である。最近の実績よりみれば、当選六回が入閣の一応の相場となり、政務次官が平均三回当選者から択ばれる。(国会の常任委員長も従来政務次官に近い基準によっていたが、三十三年六月の組閣の際には、当選五回以上にその基準が引上げられた。)

当選回数についで、その派閥に属した年期や、領袖に仕えた貢献の度合が考慮される。また総裁公選のような各派閥間の深刻な勢力争いがあった際、領袖の擁立につくした働きも入閣の際の序列決定にモノを言うものだ。一部には、総選挙の際などに領袖に相当額の政治献金をすることによって、序列を繰上げた例もある。

いまだに高級官僚の経歴を持つものは、序列決定に際し、優位を保ち勝ちだ。元事務次官級は、当選回数が二回、三回でも入閣の順位にあげられる場合が多い。また官僚や政策通といわれる専門家でその行政的手腕を期待され、優先的に序列づけられることもある。

例をあげれば今松次郎は、岸内閣に当選二回で総務長官となったが、これは内務官僚として警保局長、官選知事などをつとめた経歴が評価されたものであり、同じく当選二回の椎名悦三郎が第二次岸内閣で通産大臣の有力候補となったのは商工事務次官という経歴と、政治資金の面で岸派の強化に貢献した功績が評価されたものである。灘尾弘吉が当選三回で石橋内閣の閣僚となったのは、やはり内務次官の経歴が算入されたためである。一万田尚登、高碕達之助、藤山愛一郎、正力松太郎らの入閣は、財界の大物としての経歴からで、前記のカテゴリーで序列化されたものではなく、これらは例外といえよう。

他面当選七回、八回、まれには十回も当選していながら、大臣になれない人物もいるが、これらの人は①政治力、行政的才腕が薄弱である、②派閥を転々とし政治節操がない、③年齢的にきわめて若く、行政的経験が貧しい――のいずれかに当てはまるものである。

## 派閥内序列維持と党首権力の集中

さてこうした派閥内の序列維持こそ、実は党首にとってその権力集中のための大きな障害である。というのは、派閥内の序列維持は、その派閥の内部統制――秩序保持のひとつの条件であり、各派閥の内部統制、すなわち秩序と結束が維持されることは、そのまま党首に対し、派閥単位の発言力を増し、党首の全体的統制力を弱体化することになる。

そこで、党首は自己の権力の拡大、場合によっては独裁的統制力を作り出すために、まず党内派閥内の秩序を破壊しようとする。

　吉田内閣時代、吉田は当初その側近官僚のみの登用により、その独裁体制の強化をはかった。当選回数などを一切無視してもっぱら官僚行政面での手腕のみを基準として人選した。しかしこれは、党内の反主流派閥の対抗意識を逆にあおることになった。そこで吉田は反主流派内のごぼう抜き人事を行い、反主流派を分裂させた。「ごぼう抜き」とはその派閥の親分の意志その派閥の総意を無視して特定の人物をマークし抜擢することである。

**派閥均衡内閣**

　最近では石橋内閣が、これとは反対に、派閥均衡内閣を作った。派閥均衡内閣とは、派閥内の序列を認めることである。これは必然的に党首＝内閣首班の統制力を弱体化することになる。石橋内閣はこの意味で弱体内閣という評判を否定出来なかった。

　第一次岸内閣及びその改造内閣も、この派閥均衡体制をとった。

が他面、この派閥均衡制は、派閥間の抗争がはげしく、党全体の秩序が乱れているとき、一応党内の秩序をととのえ、内閣と与党との関係を調整することが出来るという利点もある。

　岸内閣は三十三年五月の総選挙を自分の手ではじめて施行したことにより、党内での岸権力集中の基礎を作った。だから総選挙後の第二次岸内閣では、組閣の方針として派閥均衡制を捨てた。すなわち、各派閥内の序列を無視することによって、その派閥の秩序破壊を企てたわけだ。これによって党内での党首権力の集中に一歩を進めたのである。

**派閥均衡の破壊**

具体的に示そう。まず石橋派に対しては、石田博英のみの入閣により石橋派内の序列を崩し、石田系対大久保留次郎系の対立を作り出し、石橋派の空中分解を策し、これが相当程度成功したところで、第二次内閣では石橋派からの入閣をゼロにした。（後篇第七章参照）

石井派に対しては、副総理石井光次郎を閣外に追放して置き、しかも石橋内閣の文相だった灘尾弘吉を再入閣させ、石井派全体の希望とその内部の序列を完全に崩した。

池田・三木両派に対しては、池田・三木の二人の入閣に成功し、同様内部の序列を無視した。このため、特に三木派内部では松村謙三と三木武夫との対立をかもし出すことに成功した。（後篇第八章参照）

この方法は以上の反主流各派に対してだけでなく、主流派の大野・河野両派に対しても実行された。すなわち、河野派に対しては河野派内の序列により同派の一致した要求となっていたところの重政誠之、中曾根康弘の二人の入閣を斥け、山口喜久一郎及び河野派とはいいながら、満洲以来の関係でむしろ直接岸と親しい高碕達之助を入閣させた。大野派に対しては、大野の要求した内海安吉の入閣をつぶし、倉石忠雄を再入閣させた。

**派閥均衡主義と人材主義**

派閥均衡主義を排し、派閥内の序列を無視することは、一面では〝人材主義〟の条件ともいえ、人材主義は内閣を、〝強力内閣〟とし、行政上の能率をあげるために必要ではある。いったん宰相の印綬を帯びれば、誰でも思うままに人材主義の内閣を組織したくなるものだ。

　しかしもしこの傾向が露骨に、独断的に強化されれば、政党政治の破壊を結果する恐れが多分に生じてくる。与党内の全体的要望を無視し、党首の独断で内閣の人事を左右しようという思想は、古くは藩閥官僚の、近くは軍部の超然内閣思想につながるものである。ごく最近では、全盛期の吉田内閣のように、首相にごまをする官僚の要領よさが利を得るというケースも生れ出てくる。

　他面また、金力がものをいい、政治献金さえすれば入閣できるという傾向を助長することとなる。従って、戦時のような非常時代ならともかく、平時においては、むしろ内閣の人事は派閥均衡制をとった方が、民主主義的な政党政治を守るためには安全であるといえる。少くとも、派閥均衡すなわち弱体内閣であり、人材を遠ざけるものであるとする一方的非難は、多分に皮相な偽善的な下心をもった批評ではないか。派閥均衡人事の長所を再認識する必要を痛感するものである。

# 第五章　派閥と政策

## 派閥は必要悪

派閥は、少くとも今日の保守党にとって、必要悪である。党内派閥は、保守党にあって、党内デモクラシーの確保と、党内運営の効率化という二面の効用をもっており、また逆に、派閥の単純な解消は、党首独裁制への道に通ずる大きな危険がある。

戦後、特に保守合同後、党内派閥の存在は新聞、雑誌などの論調では、必要以上にその一面の弊害のみをとりあげられ、批判されて来た。「派閥の解消」といえば、無条件に保守党を浄化し、健全化するものであるという先入観念がいつの間にか出来上っていたのである。私はこんな無責任な、偽善的な、皮相な批判は、政党政治のためにむしろ危険だとさえ思うのである。

むしろ、今日の保守党にとって、派閥の存在をより確実としたものにすること、党内各派間の意見調整をスムースにすることにより〝派閥政治〟の良き慣行を作ることの方が肝要な課題である。このため、各派閥は、第一に、その独自のイデオロギー的立場を明確にし、その持つ政策の独自性を確立すること、第二に、「派閥人事」を一定の角度から肯定し、党及び内閣の人事に合理的な、かつ民主的な慣行を作ること、第三に党首独裁に至る危険を除くため、独自の政治資金源を確保すること……これらの点を堂々と認め、実行することが望ましい。このような立場に立って、はじめて、従来の派閥政治の本当の欠陥がどこにあるかが反省され、明らかになり、克服できるものである。派閥のもつ積極的な効用に眼をつぶり、一方的に過去の弊害のみをとりあげて、皮相な世論の批判に迎合しようとする態度は、政党人として勇気あるものとはいい得ないのだ。

ここでもし、党内派閥がイデオロギーや政策面での相違を原因とするならば、そこには派閥存在の積極的な意味が考えられよう。

政治家は、元来その政治思想、政策理論をその政治行動の原理とするべきものである。政党内の派閥抗争は、現実の問題として、政治家にとって重大な政治行動の一面である以上、派閥もまた政策上の理論的ギャップをその発生及び存在の必然的根拠とすべきである。各派閥がもし、政策上の信念、思想においてのみ、互に相争うものであるならば、これはこの政党の成長と発展にむしろ寄与するところがあるであろう。党内の政策的対立を絶えず止揚しようとする統一的努力があれば、その意味での派閥間抗争は積極的な意義を持ってくるものだ。

ところが、実際には保守党内の派閥の原因として、政策は余り大きな要素となっていない。政治資金の流布や、選挙区の対立関係など、政策外的要素が、政策対立を逆に規定している場合がきわめて多い。

保守合同以前の保守政党の間では、政策を保守諸党間の対立抗争の武器として利用したことは数少なく、場合によっては一方の保守党が他の保守党を攻撃するため政策的な面で革新政党と結んだことすらあった。だから国会の議事録をみれば、保守合同前と合同後とで、同一の議員が正反対の政策を主張している例を発見することはきわめて容易である。

**党内イデオロギーの多元的理由**

今日の保守、すなわち自由民主党は、戦後続出した多数の中小政党をその要素として持っており、多元的なイデオロギーを包含、吸収している。今日の自民党に吸収されて来た大小の政党名をあげてみれば、

日本自由党（総裁鳩山一郎）
日本進歩党（総裁町田忠治）
日本協同党（船田中・黒沢酉蔵）
大同クラブ（三木武夫・岡田勢一・笹森順造）
新光クラブ（松原一彦）
協同民主党（日本協同党の後身）
新　政　会（大同クと協民党の合併）
国　民　党（新政会の後身）
国民協同党（国民党の後身）
日本民主党（国協党・進歩党及び芦田均ら日本自由党の一部）
民主クラブ（幣原喜重郎ら日本民主党の脱党者グループ）
民主自由党（総裁吉田茂）
日本自由党（民自党の信用に反対の世耕弘一ら六名の脱党者グループ）

農民協同党（小平忠らの一派は協同党を結成、後に社会党に合流、中村寅太らがこれと別れて改進党に合流）
自　由　党（保利茂ら民主党連立派三三名と民主自由党の合同）
国民民主党（国協党と民主党野党派の合同）
新政クラブ（松村謙三、大麻唯男らの追放解除グループ）
改　進　党（総裁重光葵、新政クラブ、農民協同党の一部と国民民主党の合同）

などの多数に及び、もしこれらの雑多党派の合同によって出来た保守党が、唯一人のリーダー、単一のイデオロギー、一本化した政治資金源のもとに完全に統一されているとしたらむしろ不思議である。そこには一人の支配者に対する盲従、一個の思想に対する個々の思想信念の不自然な抑制、資金源の独裁的吸収などがある筈になる。大合同後の保守党が、何人かの領袖、多少の相違を持つ政策グループ、雑多な資金源、各種の圧力団体の背景……などを持つのは、むしろ当然ではないか。

大ざっぱな表現だが、かつて民主党は大きな金融資本、農民層をバックにし、改進党は中小産業資本を支持層に持っていた。また合同以前の保守党中には社会主義的政綱を掲げたものもあり、個人的にみれば戦後、つい最近まで社会党に籍を置いた国会議員すらあったのである。

一体保守合同は、まったく国会運営上及び選挙対策上の技術的要請から生れたものである。社会党統一の動きに対抗する国会内の多数派工作として出来たものである。（もとよりこれは今日の統一社会党についてもいい得ることで、統一社会党も相対立する左右両派のイデオロギー的、政策的対立の不自然な妥協により、保守合同に対抗するための国会対策及び選挙対策的要請から生れたもので、保守合同、革新統一の双方とも、醜い裏面紛争の中からようやくに出来上ったものであった。）

国会運営上及び選挙対策上の技術的要請から生れた合同保守党は、当然独占金融資本、大産業資本、中小商工企業、農民（地主層から中小自作農及び零細小作農まで含む）、サラリーマン、知識層など異なった階層の利益を代弁し、他面各種職域団体や遺家族・引揚者団体などのいわゆる圧力団体の利益をも代弁しなければならない。そこには都市消費者を支持層に持つ議員と、農村生産者を支持層に持つ議員の対立もあろう。

してみれば、各種イデオロギー、政策の、党機関を通ずる正確な反映が行われていなくてはならない。

そこで次に党内の各議員のもつ政策思想がいかにして党議に反映されているか、党機関の実態についてみてみよう。

**党機関の実態**

正規の党機関とは、（自民党の場合）総裁、副総裁および幹事長、総務会長、政調会長の党三役会議、またはこれに全国組織委員長、国会対策委員長、党紀委員長を加えたいわゆる「六役会議」（これを通常「執行部」という）を執行機関とし、総務会を決議機関とするものだ。

党の最高の決議機関は、本来党大会であり、次に議員総会である。しかし、党大会は、年に一回、乃至二回しか開催されず、ここでは党の最高人事（総裁・副総裁など）及び基本政策、綱領などを決定するのみのものであるから、当然、実質的な党運営にさしたる問題とならない。次に議員総会は、従来の慣行よりみて、これは国会開会中にのみ開かれ、しかも衆議院の第四控室（二百人程度着席できればよい方である）という会場の制限からも、平静な雰囲気のうちに、民主的な採決方法をとり、スムースにあらゆる種類の問題を検討し、論議し、決定してゆくことはできない。日ソ交渉の際、採決をとった例はあるが、これはまったく異例なことであり、通常は、党六役会議及び総務会の決定の、形式的な事後承諾を求めるための機関に過ぎなくなっている。

もし、党内の意見が大きく割れた場合などに、その重要問題を論議することになれば、かりに二、三十人程度の反対派が、腕力にうったえ、議長席に殺到でもすれば、もはや大混乱に陥り、収拾がつかなくなってしまうから、少数派は、多数派に対抗する手段として代議士会乃至両院議員総会の開会を要求するのが通例になっているほどである。

少くとも、重大要件を持った場合の議員総会で、何か実のある論議を進めたという例を筆者は見たことも、聞いたこともない。たいていの場合、売名屋議員のスタンド・プレイの舞台となるか、反執行部派のウップンばらしの場所となるかがせいぜいである。かつて吉田内閣の末期、当時の総裁吉田茂が「福永幹事長」の指名を強行しようとして、鳩山系議員の猛反攻を受けた際、鳩山派は吉田派に比しきわめて少数であったにかかわらず、完全に代議士会を混乱に陥れることになって、「福永幹事長」の実現を押しつぶしてしまった例などは、まだ耳新しい話であろう。

## 総務会構成の不合理

さて、こうした事情から、実際上、党の正常時の最高決議機関は「総務会」に置かれている。総務会とは、社会党でいえば、中央執行委員会のことである。が総務の人選の方法が社会党の場合とは大変異なっている。

社会党の中央執行委員会の人選は、党大会で代議員の直接投票によって行われているから、これは一応民主的だといえよう。しかし保守党の場合は、元来そのような全面的投票によって決せられたことはない。現在の自民党の場合その選出方法は、定員四十名のうち、まず十名は総裁の「指名」で、これを我々は「勅選総務」とアダ名している。次に二十名は地区ブロック別に選出する。これは一応は民主的な方法である。残る十名は参議院側から独自に選出して持ってくることになっている。

ここで第一に問題なのは、十名の総裁指名総務である。これは党首独裁制の名残りに過ぎない。これによって、党首、乃至主流派は無条件にまず総務会の四分の一のボウトを手中に納めることができるから、極端にいえばあとは衆参両院三十名の総務中十一名、すなわち残りの三分の一強を手に入れれば総務会の多数を制することができる仕組になっている。すなわち、かりにその時の党内の少数派でも、「総裁」さえ手に入れれば、決議機関の過半数を制し得るという仕組になっているわけだ。このような選出方法は、決して民主的なものとはいい得ない。

しかもこの「総裁指名総務制度」の不徹底な点は、総務を指名した総裁が交代した後も、前総裁の指名した総務が居坐ることである。

昭和三十二年二月に石橋内閣が退陣したあと、岸総裁が出来たが、当時石橋総裁の指名した総務は居坐りを続けた。

岸総裁はじめ、岸政権の主流派は、石橋派すなわち岸政権の反対派の蟠居する総務会が目の上のタンコブのように邪魔でならなかった。副総裁はじめ党最高幹部の人事を決定し、政策を決定する上に、総務会の多数を反主流派にとられているのでは、実質的に岸政権は前進し得ない。そこで当時の総務会長故砂田重政氏は、何とかまずこの総裁指名総務を更迭しようとしたが、反主流派はついに応ぜず、七月の党役員改選、内閣改造までねばってしまった。

この間、「総裁指名総務」とは、実際は、現に総裁でない者に指名された総務であることになり、党規約の不明な点にもよることながら、不自然きわまる存在であった。

**冷飯組の溜り場**

次に総務会について問題である点は、実はこの機関は冷飯組の溜まり場であるということだ。

というのは、総務の人選の前提となるのは、閣僚・国会の常任委員長、党六役など、誰でもがなりたがるハイクラスのポストが一切決定したのち、これら陽のあたるポストにつき得なかった者に総務という肩書を与えて不満をなだめるというのが従来からのしきたりであるからである。

もし総務会が、本当に党の中心となる決議機関であるならば、ここに党の中心的人物を集めるべきであろう。閣僚・六役・常任委員長といえども、党内の世論を代表する資格のある者が兼任してでも総務会を構成すべきであろう。ところが実情は、良い役職からアブレた者のたまり場なのだから、総務会が正しく党を代表する決議機関ということは出来ない。

（最近の保守党の傾向として、党幹部は総務会の比重を次第に重く見るようになり、総務の人選については特に主流派が絶対多数を占めるよう配慮している。）

さて、次に党の政策決定機関の構成をふりかえってみよう。

政策決定の中央機関は、政調会内の「政策審議会」である。これも実は冷飯組のたまり場的性格があって、やはり、閣僚や常任委員長になり損なった連中が集まっており、特に、政策や法案の事務的処理に要する技術的能力を必要とするところから、この審議会のメンバーは官僚出が圧倒的に多く、しかも冷飯組、すなわち反主流派が多く占める結果になり易い。これすべて、党機関のポストが猟官の対象、不平派の鎮撫の材料としてしか考えられていないためだ。

このほか、政調会の外に、外交調査会、治安対策特別委員会、労働問題調査会などがあるが、これらはほとんど、その専門分野の官僚出身者によって占められ、党の政策面に官僚色が強く押し出される仕組になっている。従って党の政策を、内外政治の大局から審議し、党全体の世論を反映させるように決定するなどということはまず機構上困難となっていると言わねばならない。

以上見て来たように、党機関の構成が、一向に民主的にできていないのであるから、党内デモクラシーの確保を、党の正規の機関を通じて期待し得るとする保証はない。部分的には、党首独裁制にブレイキをかける有効な機構的要素もみられるが、全体的には、現実の党機関は理想的な民主主義組織ではない。

## 党首独裁を阻止する方法

ではどうしたら、党首独裁を完全に阻止し、党内デモクラシーを確保出来るであろうか。

その第一は、先ず不合理な正規の党機関の限界を認め、領袖会談の比較的な合理性を生かすこと、次に第二の方法は総務会や政策審議会の構成員を、全所属議員の直接投票によって選出することである。そしてこの第二の要件を裏付けるためには、総務や政策審議委員と他の役職との兼任を認め、これらから冷飯組の溜り場的性格を払拭し、場合によっては、閣僚が総務に就任するような途も考慮さるべきである。

もし第二の要件が、完全に満たされるならば、四十名の総務会中に十名内外の常任総務会を置き、領袖会談は実質的に常任総務会にかわるべき性格のものとなろう。そこで領袖会談のボス的性格も機構的に克服されるのではなかろうか。

それぞれ二十人、三十人の議員を従える領袖の存在を無視して、不合理な機構である「正規の党機関」のみを通じて、党を運営しようとするのは欺瞞的ですらある。従って第二の要件が満されない間は、領袖会談による党最高方針の決定方式も止むを得まい。

## 政策派閥の流行

三十三年五月の総選挙以来、保守内の各派閥が〝政策派閥〟として衣替えし始めたことは、今まで書いて来た理由からも、好ましい現象である。「政策派閥」化の現象が、三木派、池田派、石井派のような反主流派から起って来たことは、特徴的なことである。

このことは、これら反主流派が、総選挙後の政府・与党を通ずる人事で岸主流より冷遇されたことに対する対抗手段として政策をもってしようと意図したことを物語っている。従来党内の反主流派が、党主流に攻撃をかける手段としては、重要法案の国会審議の過程で、これに反対するとか、サボタージュするとか、あるいは重要法案をきめる党議決定に際し、総務会や議員総会などで異論を立てて騒ぐとか、または重要人事決定で同様反対気勢をあげ、会議を混乱、流会させるなどの直接行動をとった。その反攻の場面は、ニュース面に派手に現われるような党中央機関の会議場がえらばれるのが常だった。

このような直接行動は、しばしば党全体の評判を下落させるだけでなく、反主流派自体に対する世間の非難を招いた。また従来の形での派閥抗争は派閥そのものに対するきびしい世評からも、本来の目的を達するため有効でないと自覚されて来た。さらに総選挙後の特別国会で、かりに国会審議を派閥抗争の手段に利用しようとしても、きわどく意見を対立させ得るような対象となる重要法案がなかったという特殊事情もあった。

そこで反主流派としては、自派議員の不断の政策研究により、その政策知識のレベルを向上させ、党内の数多の特別委員会や政調会各部会などで、政策上の実力により、主導権を奪いとろうと企てた。

岸政権の前途が、三十三年五月の総選挙以来、長期的安定性を示し始めて来たことからも、そうでもするよりほかに方法がないという面もあった。

まず三木・松村派が総選挙後の七月二十日から一週間軽井沢で東大木村健康教授、大阪市大近藤文二教授らを招いて「夏季講座」を始めたのに対し、池田派も赤坂プリンスホテルで毎週火曜日に政策研究会を開くことになったし、石井派も毎週水曜に同様研究会を開き、最初の題目として、減税と不況対策をとりあげた。こうなると、主流派でも傍観しているわけには行かず、河野派の春秋会でも八月四日から軽井沢で明大藤原弘達教授や山田外務次官、小倉食糧庁長官を招いてレクチュアを受け始めた。保守党の議員たちが、何十年前の学生時代に立ち戻ったかのような神妙な光景であった。

義理人情の結束、人事利権等による結合だけでは、もはや政党内の派閥はその体面を維持出来なくなって来たことを物語るこの新しい傾向は、それ自体が派閥抗争の手段としての変形であるにしても、保守党にとって良い方向であろう。

# 第六章　官僚と政党

**官僚との闘い**

　政党は元来官僚権力との闘いの中に生れた。日本の政党の場合も、その最初の政党である愛国公党――後年の自由党も、板垣退助の苦闘の生涯が物語っているように、官権の圧力に対する民衆の自由への渇望から湧き、生れたものであった。がその後の日本の政党史は、やがて官僚との不断の闘争、抵抗としてではなく、官僚との不断の妥協として綴られて来ている。犬養内閣が、軍の兇弾に倒れてよりは、政党は、官僚に加えて兇暴な軍部との間に妥協を策し、ついに自らその身を売った。戦後の新憲法は、軍部を消し、官僚権力を大きく制限したが、実質は昔と同じように、ただもっと巧妙に、官僚勢力が政党を圧し、しかもその内部から蝕ばもうとしている。この章は、戦後の官僚勢力が、いかにして政党を内外から侵しつつあるかを、その微妙、複雑な接点にとらえ、拡大鏡に映しあげることを目的にしている。

**官僚大臣**

　戦前の内閣では、議席を持たずに大臣になった官僚出身者の数は多かったが、官僚をやめて代議士になり、大臣になったものの数はきわめて少なかった。これは戦前は議席を持たずに官僚が次官から大臣に昇進出来たし、代議士にならずとも、官僚の古手は、貴族院の勅選議員となり、栄誉と実益利権の双方を手に入れることが出来たからである。

戦後の新憲法は首相が国会議員でなければならなくしただけでなく、国務大臣もその定数（十七）の過半数を国会議員とすることを定めている。憲法の規定では「過半数」となっているが、政党政治の立前から、原則として全閣僚が議席を持つことが政治常識となっている。最近では一万田尚登・藤山愛一郎・高碕達之助が議席を持たずに入閣したが、これは入閣後最初の総選挙に立候補し議席を持つことを前提として入閣したものであり、また吉田内閣で、向井忠晴（蔵相）、天野貞祐（文相）が議席なく入閣したが、これは吉田好みの例外であり、戦後の内閣で半数近くも、議席のない人間が入閣した例はない。

（註。憲法第六十六条の二項＝内閣総理大臣その他の国務大臣は、文民でなければならない。憲法第六十七条の一項＝内閣総理大臣は、国会議員の中から国会の議決で、これを指名する。憲法第六十八条の一項＝内閣総理大臣は国務大臣を任命する。但し、その過半数は、国会議員の中から選ばれなければならない。）

戦後の新憲法のこの規定は、官僚政治を政党政治によって克服させようとの精神によるものであり、この新しい制約によって、官僚は、官僚のままでは、どんなに出世しても、各省次官どまりであって、戦前のように大臣にも、勅選議員にもなれないことになったわけだ。

### 官僚出世の活路

そこで、根が立身出世主義に固められた官僚は、次官止まりの壁を破るため、二つの方法を考えた。その第一は、やたらに官庁の外部団体を作ることにより、その団体の総裁、理事長、専務理事といった形で転出するか、在職中に〝顔〟を売っておき、民間と官庁との利権あっせんを売物に大会社の重役になって転出することである。その第二は、高級官僚の役職とネーム・バリューを利用して、国会議員に立候補し、政界に乗り出すことである。

官尊民卑の、日本では、××省次官、△△庁長官といった肩書は、それだけで相当の票集めに役立つのが常である。戦後の新国会では、その当初において官僚の政界へのこのような進出は、僅か二％であったのが、昭和二十七年十月の総選挙では、初当選者百八名中四十一人が官僚であり、自由党の場合は、五十二人中の丁度半数二十六人が官僚であった。

官僚を制約し、政党政治を確立する目的の新憲法の新しい規定は、逆に官僚勢力が内部から政党を侵す結果を導くに至ったものだ。

**戦後の官僚大臣二十九名**

官僚の政界への進出は、内閣における官僚出身者の比重を圧倒的に強くする結果になった。戦後の第一次吉田内閣から、現在の第二次岸内閣に至るまで、官僚出の大臣の数は二十九名に達している。その名をあげれば次のとおりだ。吉田茂、重光葵、芦田均、大村清一、増田甲子七、和田博雄、下条康麿、周東英雄、佐藤栄作、岡崎勝男、池田勇人、大橋武夫、橋本竜伍、吉武恵市、野田卯一、樋貝詮三、戸塚九一郎、大達茂雄、愛知揆一、杉原荒太、吉野信次、岸信介、灘尾弘吉、小滝彬、唐沢俊樹、堀木鎌三、前尾繁三郎、郡祐一、津島寿一。

（なお正力松太郎、大久保留次郎は、警察官僚出身だが、早くから官僚をやめ、政財界で大をなしたのであるから官僚出身というカテゴリーに入らないので計算から除外した。）

この傾向は、党人を嫌い、官僚を好んだ吉田首相によって著しく拍車をかけられたが、最近の第二次岸内閣に至って最高頂に達し、十七名の閣僚中約半数の八名までが、官僚出身者によって占められている。一内閣中八名もが官僚出身によって占められたことはさすがの吉田内閣時代にもなかったことであり、岸内閣の官僚的性格を如実に物語っている。

細川隆元氏の計算によれば、日本最初の政党内閣であった大正十三年の加藤高明内閣から、終戦時の鈴木貫太郎内閣に至る二十一年間に、官僚出身の代議士で大臣になったのは僅か九人に過ぎず、これに反し、代議士になることなく、官僚として大臣になったものは三十九名に及んでいる。この比例をみてもわかるように、戦前は選挙にうって出て、代議士になり、政党人として大臣になることなどは、官僚としてまったく馬鹿げたことであり、要領よく官界での立身出世コースを辿っていれば、黙っていて位人臣を極めることが出来たわけであった。

（加藤高明内閣から鈴木貫太郎内閣に至るまで、官僚出身の代議士で大臣になったもの＝鈴木喜三郎、俵孫一、小橋一太、秦豊助、山崎達之輔、床次竹二郎、勝正憲、大麻唯男、岡田忠彦。代議士にならず官僚のまま大臣となったもの＝幣原喜重郎、岡田良平、芳沢謙吉、後藤文夫、南弘、広田弘毅、藤井真信、小原直、有田八郎、潮恵之輔、佐藤尚武、河原田稼吉、塩野秀彦、賀屋興宣、安井英二、吉野信次、木戸幸一、八田嘉明、石渡荘太郎、田辺治通、広瀬久忠、青木一男、宮城長五郎、木村尚達、松浦鎮次郎、河田烈、井野碩哉、星野直樹、岩村通世、東郷茂徳、谷正之、重光葵、湯沢三千男、岸信介、大達茂雄、津島寿一、相川勝

六、安倍源基、広瀬豊作。この三十九名のうち大蔵、外務、内務、司法の重要閣僚が多いことも注目される。）

だからこのような時代に、官僚をやめて代議士にうって出、政界の飯を喰んだ人間は、一応党人根情を身につけていたものであったろうが、戦後は次官乃至局長まで進み、そのままズルズルと政界に入りこんだのだから国会議員にうって出て官僚気質そのままの政党人が出来あがってしまうのである。

**党人の弱点**

しかも一度政界に出た官僚は、あらゆる分野で生粋の政党人を圧倒しようとしている。このことには、党人の弱味もないわけではない。官僚の政策立案、立法の技術的能力には、多くの場合、とても党人たちの力の及ぶところではない。往々政党が議員立法として提出する法案があっても、特定の業者団体の圧力におされ、業者の利益を代弁するものであったり、選挙区目当ての「お土産法案」であったりする。全国民的な法案の立法は、ことごとく各省事務官僚の手になり、内閣より提出される。従って議員立法によるものは大部分利権法案と呼ばれる習慣がある。政党人の立法府におけるこれまでの実績が、政党不信、官僚尊重の風を助長して来たといえる。しかし政党の腐敗や堕落を批判することが、ただ否定的な面のみで行われると、それはファシズムの肯定となり、軍部や官僚の独裁権力への道を作ることこれまでの政治史が示すとおりである。故に我々は、現実の政党がいかに腐敗、堕落していようと、この是正は政党政治の土俵の中でなされるべきであり、政党の力を養い、政党政治の基礎を強化する努力を怠ることは許されない。

その意味で、鳩山内閣の行政改革が、トップマネージメントの強化ということを基調としたことは正しいことであった。鳩山内閣の行政改革案は、当時の行政管理庁長官河野一郎と、同庁政務次官宇都宮徳馬の二人のラインで立案されたものである。河野は新聞記者出身、宇都宮は青年時代の左翼から転向した民間企業の経営者で、両者ともに反官僚思想の強い政党人であった。この改革案は、行政機構に対する政党の支配権と責任体制を確立し、党から行政機構の頂上部へ太いパイプを通そうとの眼目から、政務次官の増員その他の措置をこうじようとするものだった。さらに第二次岸内閣下に発足した生粋の党人大野伴睦を委員長とする自民党行政機構改革特別委員会でも、トップマネージメントの強化のため、従来国務大臣をもって長としない外局の庁の長官（たとえば食糧庁とか国税庁など）を認証官とし、官僚をもって長官とせず、国会議員をもってこれにあてるとの構想を描いた。

ただしこのような方向は、理論的には正しいことながら、実際の人事面での欠陥があり、逆な弊害が生じ易い。たとえば、政務次官の増員であるが、政務次官の椅子をふやしたところで、政務次官の従来の選考基準をあらため、その質を向上させなければ、この改革は猟官の具に利用されるのみで、何の効果もない。政務次官の従来の選考基準は、当選三回クラスの議員（二回の場合もあった）より、トコロテン式に任命するだけであり、その省庁の行政内容にほとんどの知識を持たない者でも択ばれた。このため官僚陣は、政務次官を軽んじ、ただメクラ判をおさせるだけで、大臣もまた政務次官を相手にせず、事務次官以下の事務官僚を相手に行政事務を処理するのが通常であった。これは、政務次官を国会経験も少なく、行政上の識見も余り期待できない当選回数の少ない議員より選ぶという政党側の慣習があらためられない限り是正されない。

### 官職配分政策の弊

組閣の際の派閥均衡主義は、政権安定化工作としての官職配分政策としてしばしばとられた。時としては派閥内の秩序を破壊する方法として、「人材主義」の看板のもとに閣僚起用についての派閥内の序列を乱すという手段が権力者によってとられるということは、先に第四章「派閥と猟官」で詳述したところであるが、このような手段としてさえも、政務次官の人選にあたって「人材主義」がとられたことは、いまだかつてないといってよい。政務次官の椅子は、歴代内閣にあって、少数の例外を除いて、おおむね官職分配政策の材料として使われて来た。このような慣習はアメリカでも古くから行われ、これは「スポイル・システム」Spoils system と呼ばれて来ている。イギリスでも、かつて与党が新貴族を大量に作り、貴族院の多数を制しようとした歴史があるし、日本でも戦前、貴族院が官僚の牙城として政党内閣の進路を阻んでいたとき、政党側は貴族院議員に対し官職やその他の利権を配分することによって貴族院の与党化、懐柔をはかった過去がある。

戦後は政党政治の立前が、一応名目的には確立し、貴族院もなくなったが、参議院側が、組閣や政務次官の人選のたびに、参議院に割り当てられる閣僚や政務次官の数の増加を要求し、党幹部がこれを聞き入れなければ、参議院与党は政府与党に協力しないと恫喝しているのは、半ば慣習化した権力者の官職配分政策を裏返して物語っているものである。

このような、官職配分政策は、トップ・マネージメント強化政策と真向から矛盾するものであり、その目的を足もとからかき崩すものに外ならない。

それ故、トップ・マネージメント強化策の前提として、たとえば、政務次官の選考基準を当選五回以上とするか、別の角度より人材主義の起用慣習を作るかして、政務次官の格を閣僚にきわめて近い水準に置くよう有効な措置をとる必要がある。今までの習慣では、政務次官になったものは、次に国会の常任委員長、党の副幹事長、政調副会長、国会対策副委員長などといった、当選四、五回前後のものに通常割りふられる各種のポストを経て、かつその間、二回、三回の総選挙で当選し、当選六、七回というハクがついた後、はじめて閣僚選考の対象になり得た。したがって、政務次官が、直ちに大臣に起用されるという例（吉田内閣で愛知揆一が政務次官から通産大臣に起用された）などは、戦後は稀有のことに属した。これを政務次官の選考基準の是正により、今後は、大臣に事故あるときなどは政務次官が直ちに閣僚に起用されても不思議のないようになれば、はじめて機構の面で、トップ・マネージメント強化策をとっても、その実を発揮し得るようになろう。こういう抜本的改革がなされない限り、いつまでたっても、政党が官僚に馬鹿にされ、ないがしろにされることになり、政党政治の充実よりも、官僚機構を充実することの方が大事であるというような誤った考え方を招くことになるのだ。

**吉田茂の官僚主義**

吉田茂はその著書「回想十年」の中で（第四巻）フランスが小党分立の結果、はげしく政権を交代させていながら、行政上の混乱が起らないのは、官僚機構が充実しているおかげである……ことを強調し、戦後の日本で政党が官僚を大事にしないことを歎き、官僚が立法府に対しても勇敢に発言することを求め、官僚機構の充実の必要性を主張している。政党嫌い、官僚好みの独裁者としては考えそうなことである。

フランスの政党が小党分立の弊風をもっていることは、その選挙制度の結果でもあり、フランス共和国の大きな弱点となっていることは否定できない。けれども、フランスの政党は永い歴史の中で、絶えず権力と闘争しながら育って来たものであり、権力の集中を嫌うフランス人としては、政局安定という代償のもとに、独裁的集中権力を打ち建てられることを恐れて来たのではあるまいか。（ドゴール政権樹立前後よりの政情はまた別な矛盾を示してはいるが。）

これに対し、日本の政党は、明治のその原初的形態においては、藩閥貴族官僚権力に対する闘争の中から生れたが、藩閥貴族官僚権力が逆に政党内部に侵入し、これを利用し始めて以来、今日まで、絶えざる官僚権力との妥協の中に育って来た。このような事情の下に、占領軍という外部からの力で、ようやく回復された政党政治が、今日すでに専横をきわめているものとしてこれを圧殺し、官僚機構の充実をのみ一方的に強調する吉田元首相の思想の如きは、きわめて危険なものとみなければならない。

（吉田茂著「回想十年」第四巻五七頁＝「議会政治の発達には官僚制度の充実を考えなければならない。官僚政治といえば、一概に悪く考えるものもあるが、甚だしき間違いである。……フランスにおいては政変相次ぎ、ひんぱんに内閣の更迭が行われ、中には数週間で倒れた内閣もある。第四共和国出来、内閣の変ること、既に三、四十回に及ぶにもかかわらず、施政は各省官僚のしっかりした手にあるために、国民は内閣のひんぱんなる更迭には余り関心なきもののようである。我が国においては、英仏におけるほどに官僚組織強固ならず、政党が各省の意見を時に無視し、各省側もその所信を率直に述べざる傾きなきに非ざるは、誠に遺憾である。政策を決定するに当り、政党側が所管官僚の意見を尊重せざるが如きはよろしからざるはもちろん、官僚側も、その職務によって得た知識、実験を以て、所信を率直に述べ、政党の政策決定の参考に資することを躊躇するが如きにおいては、民主政治における官僚ではない。」なお、この書物には、政党政治を強化するための提言はどこにも見当らない。吉田はその政権下、大臣を大量生産したことで有名であるが、彼の作った閣僚は、官僚出身が圧倒的に多い。これは彼の官僚尊重癖のあらわれであり、彼は意識的にか、無意識的にか、官僚勢力の政党侵蝕に大きな役割を演じた。彼の大臣の大量生産は、官僚層に、国会議員になればたやすく大臣になれるという希望を与え、官僚の政界進出に強力な刺戟剤を与えた。彼は同じ「回想十年」第一巻二六一頁で次のように弁明している。「学者好きの評判とともに、大臣の大量生産ということも、よく話題となったようだ。第一次から第五次内閣まで長年にわたって政権を担当しており、その間にまた改造、入れ替えなどということもあったので、相当の数の人を大臣に推挙したのは事実である。終戦後の追放によって、政界のベテランは殆んど表面から姿を消して、いわば新人がこれに替った次第であるが、とかく行政の経験に乏しく、官僚制度というものに理解がないし、他方、役人上りのものは、政党というものをよく知らない憾みがある。そこで私として考えたのは、役人上りには政党教育を与え、政党育ちには行政教育を与えたい、こうして人間をつくり、一個の立派な政治家を育て上げたいということであった。そこで政党育ちを大臣や政務官に登用、役人上りを党の役員に据えた。」しかしこの言葉にかかわらず、彼は「政党育ちを大臣や政務官に登用」することを嫌ったことは事実であり、また彼の登用した「政党育ち」はほとんど例外なく、党人であるのには珍らしく、官僚的な器用さと処世術を身につけた人間ばかりであった。)

**官僚の政党支配**

行政立法の技術的能力で政党を圧倒しようという官僚の力は、官庁対政党の関係においてだけでなく、官僚の政党内への侵入という形で行われようとしていることは、戦後の官僚出身議員の増加についてのべた項で明かだと思う。その政党への内部侵入は、特に政策の調査、立案面で著しい。これは自由党の歴代政務調査会長に、官僚以外で就任した者が例外的に僅か二名しかいないこと、現に自民党の政務調査会政策審議委員の三分の二以上が、官僚出身議員によって占められていることにも示されている。この傾向は年を経るにつれて著しくなって行きつつある。

官僚の政党に対する支配の方法は、きわめて巧妙になろうとしている。表面は羊のように下手に出て、実質は豹狼のような烈しさをもって迫るのである。大臣すら、その省の官僚を敵に廻しては動きがつかなくなるのだ。その手は次のとおりだ。

まず、国会議員の弱味は、絶えず選挙民の陳情を官庁に対しとりついでやらねばならないことである。この陳情の内容は、大部分所管の官庁の上級乃至中級の事務官僚の権限で左右できるものである。官僚は自己の権限乃至顔のきく範囲内で、国会議員のとりつぐ陳情に応じてやる。国会議員の側も、陳情をとりあげて貰った反対給付として、官僚の要求を聞き入れてやるようになる。これが官庁を通ずる利権問題に関係してくると、もっと極端になってくる。政界の利権の多くは、行政上の権限を左右することによって得られる。このためには政党人は、官僚と取引せねばならぬ。官僚は政党人の追求する利権のために便宜をはかってやることで、貸しを作ることができる。こうした形で、官僚は政党をがんじがらめにする。

このような官僚と政党との結びつきは、主として国会の常任委員会を通じて行われる。国会の常任委員会は、各省庁に対応して設置されている。官庁側は、政党、特に野党の追及から自己を防禦するために、与党の常任委員、場合によっては野党の常任委員をさえ抱き込む必要がある。抱き込む手段は前述のとおりだ。抱き込まれた議員は、その官庁側の保護にあたる。この行為は行政機構改革など、官庁側に大きな圧迫を加えようとする立法などの際に最も露骨にあらわれる。

歴代内閣の行政機構改革案が、常に官僚の抵抗にあってつぶされるのは、このような事情による。官僚は各常任委員会で、常任委員を官庁側の味方にひきつけ、行革案の骨抜きに献身させる。官庁のヒモツキ議員は、行革案の審議未了化または骨抜きによって、官僚に恩を売り、また利権、陳情などによる借りを返すのである。

官庁の予算獲得に対する、その関係委員会の議員たちの奮闘ぶりも、同様の理くつで説明される。多くの場合、その先頭に立つのが大臣である。大臣とは、だから政党の官僚支配の役割よりも、官僚の政党支配の道具にしか過ぎない場合が多い。その所管省庁の予算の増加に成功した大臣が、官僚の好評を受け、官僚の好評を受けた大臣が、大臣として及第したとの世評を受けるという逆現象はこのような理由によるものである。

**大臣対官僚**

第一次岸改造内閣のある大臣は、選挙民に威厳をみせるため、その省の高級官僚を大臣室に呼びつけ、選挙民の前で痛く叱責したために、その省の官僚から総スカンを喰い、以来行政権限を十分に行使することもできなかったという実話がある。官僚に奉仕するか、官僚を懐柔するかできなかった大臣は、たいていこのような目にあうのである。

戦前の官僚勢力の旺盛だった時代には、この傾向がもっと著しく、近衛内閣の商工大臣だった小林一三が、事務次官であった岸信介の抵抗を受けて、ついに辞職させられた話は今もって著名な例である。

大臣の弱味は、特に政党育ちの大臣の弱みのひとつは、行政事務に官僚ほど精通していないため、国会での野党の質問に対する答弁が、官僚の助けなしにはほとんど不可能であるという点にある。大臣のこの弱点をかくすためには、官僚は想定問答集と通称される大臣答弁の虎の巻を作って、答弁要領を大臣に教授する。受験生の一夜づけの勉強よろしく、アンチョコと、官僚という家庭教師を頼りに、大臣は国会答弁の一夜づけをしたあげく、それでも足りず、委員会室で質疑の最中に、大臣席の背後に位置する官僚から答弁要領の耳うちを受け、すなわち公然たるカンニングをするのである。国会答弁の出来、不出来は、首相及び党領袖が大臣を採点する大きな基準であり、その出来ばえが悪ければ、次の内閣改造や組閣の際に更迭されるのであるから、大臣にとって事態は一層深刻である。これは官僚の閣僚に対する下からの支配を容易にするひとつの要因である。

こうした際、その閣僚が官僚出身であればこのような手段による官僚の抵抗を相当程度排除し得る。少くとも国会答弁などの技術的な面では、多くの場合、生粋の政党育ちの閣僚より有能である。吉田や岸が、官僚上りの閣僚を重宝がったのもひとつにはこの理由によるものだ。しかし他面、その省出身の閣僚の場合、その省の官僚との馴れ合い、利権などをめぐる内部での官僚との隠然たる結びつきは一層はげしいものとなろう。

### 官僚を支配する方法

大臣がその担当省庁の官僚を支配する手段はただひとつである。それは果敢な人事刷新の断行である。党人が官僚を支配する方法は、人事以外にはないとさえいわれる。官僚は本来立身出世にはもっとも敏感な種族であるから、絶えず左遷されることを恐れ、昇進することを望んでいる。特に特権高級官僚の場合はそうである。鳩山内閣で河野農相が、岸内閣で赤城農相が、よく農林官僚を統御し得たのは果敢な人事を断行したからだといわれる。

もっとも、政党の官僚支配の手段としての人事異動が、ひんぱんに行われれば、そこに大きな弊害を生ずることも忘れてはならない。戦前の政党は、特に内務省において、この弊害を著しく露呈した。

すなわち、政権が交代すると警保局長、警視総監、官選知事から末端の警察署長まで異動された。これにより総選挙等において、極端な選挙干渉を反対党に加えた。浜口、若槻内閣の内相安達謙蔵は露骨な選挙干渉を加えた内務大臣として著名である。この弊害をおさえるため、戦後内務省を解体し、さらに警察組織を国家警察と自治体警察に分割したうえ、その双方にそれぞれ公安委員会を設置して、政党の警察官僚に対する不当な圧迫を制限したほか、強力な権限をもった人事院を設置して、公務員＝官僚の立場を擁護する措置をとったことも、一面正当なことであった。この間の政党対官僚機構の関係の正常化は、政党人の良識によるほかはない。

**官僚の特性**　マックス・ウェーバーはその大著「経済と社会」の中で、官僚というものの持つ特徴につき次のような諸点をあげた。

① 人格的に没主観的に職業に従事すること。
② 一定の職務系統中の一部を占めること。
③ 職権の明確なこと。
④ 専門的資格を有すること。
⑤ 固定給を受けること。
⑥ 官職をひとつの職業と考えること。

⑦　年限によって昇進すること。
⑧　行政手段から分離する。一切の行政的物的諸設備を私有することなく、単に一人の私人として官職を占めるに過ぎないこと。従って公務と私用とが厳格に区別されること。
⑨　厳格で画一的な職務規律と統制に服すること。

このような官僚の持つ特性は官僚が単なる統活技術者であり、統活機構の複雑な組織体の中の歯車として非人間性を要求されていることを示す。現代の官僚の優越性は、その没主観性にもとづく技術的正確さの中にだけある。

このような官僚制は、非民主的な政党権力の恣意的な行動を制約し、その没主観的技術的正確さの故に、民衆の利益を守る役割を果すこともあり得るし、事実果した段階もあった。しかし、この没主観的技術的非人間性が、前述のような、堕落した政党と官僚機構との関係の中で、特に、腐敗しようとする要素を多分に持つ社会環境の中で、成育して行くとなれば、そこにはきわめて危険な結果が生れ出よう。

## 党人の役割

政党政治家、いわゆる「党人」の官僚に対する優位は、もしくは優位を占めるべき正当な根拠は、その政治思想と政治行動とが、まさに主体的、理念的であること、もしくはそうあるべきことであって、官僚と同様に没主観的、技術的であることにおいて優越性を示そうとしたらそれは大きなあやまりである。党人が、その統治技術の巧緻さ、正確さをもって、官僚と競争しようとしてもそれは無理なことであり、また不必要である。

しかるに最近の政党の傾向は、政党員である国会議員に対し、技術的巧緻さ、正確さをのみ要求し、その意味で、没主観的、非人間的ならしめようとする傾向がある。その故に閣僚には国会答弁の巧妙さのみを要求し、古手議員には、議院運営の技術的練達を要求し、陣笠議員には党議のままに票決権を行使し、時としては反対党に対する暴力行使等、議院運営上の政党の一武器、一弾丸としての行動を要求し、そして党首及び領袖への忠誠と服従こそが、党人たるの資格であるかの観念がかもし出されているのである。ステイツマンでなく、ポリティシャンとしてのいやポリティシャン以下の「陣笠」としての政治家のみが輩出する所以でもある。さらに憂うべきことは、党首乃至領袖すらもが、政党権力維持のための、巧妙な技術者として、その政党に奉仕することを至上とする傾向が現われていることである。

これまで、官僚と党人との典型的特性について、対照させて書いて来たが、実際の個々の人間像をみるとき、官僚または官僚出の議員であって、高い政治的理想を持ち、豊かな人間性を持つ人物もおれば、生粋の政党育ちでありながら、没主観的技術性の巧緻さの中にのみ、政治家の使命をみているような官僚タイプの人間もあることを附記しておこう。

**官僚出身議員の顔ぶれ**

戦後の官僚政界進出のブームに乗って登場した議員たちの顔ぶれ一覧表をここに掲げることは無意味ではあるまい。官僚出身議員といっても、正力松太郎、大久保留次郎、大麻唯男、船田中などのように、政界、財界に出て久しく、すでに官僚的特性を失ない、政党人になりきってしまっている人間は除かなければならない。ここに記すのは、多かれ、少なかれ官僚であった特権を利用して登場し、長短ともに官僚出身的性格を持っている議員たちだ。

**大蔵官僚**

大学を出た学生で官界志望者が、誰でも外務省か大蔵省を考えるだけあって、大蔵官僚は官僚の花形であり、政界に進出している大蔵官僚も、出世が早く、目立った存在になっている。大蔵省の特権官僚は、大学を卒業、任官して間もなく地元の税務署長に出されるのが通例であり、数年ならずして本省に帰り、主計局の課長補佐級になれば、若僧の身で唯一人でどこかの省の予算査定をする権限を与えられ、ぼう大な国費の支出を左右することになる。政界に出てからも、予算編成技術を身につけ、「財政に明るい」ということになると、ことごとに利益を得る。閣僚中でも、戦後は蔵相のポストが最重視されるのは常識になっている。この一種の優越感が、大蔵官僚の傲慢さの理由となっている。

現在何といっても大蔵省内に陰然たる根を張っているのは元蔵相の池田勇人であり、鳩山内閣、岸内閣で蔵相をつとめた日銀出身の一万田尚登も、たえず、池田の息のかかった大蔵官僚の抵抗を受けた。たとえば、予算編成に関する政府・与党折衝の際に、主計局は二百億円前後のかくし財源を蔵相に知らせずにいたというような実話もあり、これに激怒した一万田は、省内の大異動を断行して、池田色を払拭しようと計画したときに、第二次岸内閣組閣で更迭され、果さなかった。

第二次岸内閣では、岸首相は最初から蔵相の人選方針として①大蔵省内の池田系をおさえつける能力があること、②蔵相のポストを利用して、党のため高額の資金調達が出来るもの、……との二条件を前提し、結局実弟の佐藤栄作の起用を結論した。

このとき、もし昭電事件の最終判決が出ていれば、現自民党政調会長の福田赳夫が蔵相にえらばれていたことは間違いない。佐藤は運輸官僚であり、財政専門家ではないが、福田は大蔵省主計局長から政界に転出した財政専門家で、しかも岸直系の腹心だからである。第二次岸内閣で蔵相にはならなかったが、すでに大蔵省内の福田株はめきめき上り、大蔵官僚の間に福田を囲む会が作られているほどである。

大蔵省内の池田系を無条件におさえ得るといわれる人物には、元蔵相の賀屋興宣がいる。東条内閣の閣僚で戦犯であり、当選僅か一回だというので入閣しなかったが、財界での広い顔を利用して、未来の首相を夢みているようだ。

まず衆議院での大蔵官僚出身議員をあげると、

賀屋興宣、池田勇人、愛知揆一、橋本竜伍、野田卯一、植木庚子郎、内田常雄、大平正芳、黒金泰美、福田赳夫、前尾繁三郎といったところで、ここにその最も顕著な特徴は、福田、賀屋を除いた全部が旧吉田派であるということだ。これは吉田茂が大蔵官僚のひき立てにいかに熱心であったかを物語るものであり、ほとんど全部が池田系であったが、最近では愛知、植木、橋本の三人が佐藤派に走っている。（愛知、植木は賀屋系でもある。）

参議院には津島寿一、青木一男、迫水久常、木内四郎、塩見俊二、宮沢喜一、高橋衛、緑風会に杉山昌作、上林忠次がいる。

この顔ぶれは、賀屋（蔵相）、青木（大東亜相）、津島（蔵相）らが戦時中入閣しているほか、戦後池田（蔵相＝吉田内閣）、愛知（通産相＝吉田内閣及び法相＝岸内閣）、橋本（厚相＝吉田内閣及び岸内閣）、野田（建設相＝吉田内閣）、前尾（通産相＝岸内閣）が入閣しており、大蔵官僚全盛時代を誇っている。

大蔵官僚は政界に出馬しなくても、次官、局長まで行けば、政府関係機関の銀行、民間の銀行の総裁、副総裁、理事、重役などになって転出し、財界で相当の地位を占めることが出来るので絶対に喰いはぐれることがなく、大蔵省は利権の温床である点から在職時代から産をなすものもあるほどだ。

**外務官僚**

大蔵省出身議員と並んで、政界で幅をきかしているのが、外務官僚出身議員である。何しろ戦後吉田茂、芦田均、故幣原喜重郎と三人まで総理大臣を出し、政党総裁としては重光葵を含めて四人も生んでいる。特に日本が国連に加盟して、国際舞台に登場した今日としては、益々その活動舞台を広げ、政界で幅をきかせることだろう。外務官僚出身政界人の顔ぶれは、
保守党＝吉田茂（首、外相）、芦田均（首、外相）、重光葵（外相、副総理）、須磨弥吉郎（落選中）、北沢直吉、大橋忠一、伊東隆治（落選中）、福田篤泰、松本俊一、森山欽司（落選中）、岡崎勝男（外相、

落選中）、社会党＝森島守人、松平忠久……以上衆議院。緑風会＝佐藤尚武（外相）、自民党＝故小滝彬、鹿島守之助、杉原荒太、社会党＝曾祢益。

党内派閥的にみると、外務官僚はその独善的性格のためか、バラバラになり横の連絡がない。

**内務官僚**

戦前の日本で最も強大な権力を誇ったのが内務官僚であった。これが戦後解体されて、警察庁、自治庁、防衛庁、公安調査庁、文部省、労働省、厚生省などに分散し、その権力は弱まったが、旧内務官僚が各省中、最も大々的に政界に進出している。未だに旧治安機構の強大さに対する郷愁を棄てきれず、ことあるごとに治安権力の強化を狙うのもこの人々である。また大蔵官僚に劣らず閣僚を出している。しかも大達茂雄、灘尾弘吉など文部大臣として、文教行政にまで勢力をのばしている。各省出身議員グループ中、横の連絡をもっとも緊密にとっているのもこの内務官僚出身組である。党内派閥としては、石井派に属しているものが多い。

戸塚九一郎（建設相＝吉田内閣、引退）、大橋武夫（法務総裁＝吉田内閣）、大村清一（防衛庁長官＝鳩山内閣、内相＝吉田内閣、落選中）、唐沢俊樹（法相＝岸内閣、落選中）、灘尾弘吉（文相＝石橋内閣、岸内閣）、山崎巖（内相＝東久邇内閣）、相川勝六（内相＝小磯内閣）、今松治郎、池田清志、早川栄、西村直巳、床次徳二、大坪保雄、岡崎英城、川崎末五郎、菅太郎（落選中）、加藤精三、亀山孝一、高村坂彦（落選中）、高見三郎、中曾根康弘（彼は少壮官途を捨て政界に出たから、官僚人とはいえない）、故熊谷憲一、町村金五（北海道知事立候補のため辞職）、藤枝泉介、淵上香太郎（落選中）、古井喜実、友吉弥三、薄田美朝、故鈴木直人、斎藤邦吉＝以上保守党。竹谷源太郎＝社会党……以上衆議院。郡祐一（自治庁長官＝岸内閣）、後藤文夫（内相＝岡田内閣、国務相＝東条内閣）、広瀬久忠（厚相＝小磯内閣）、石井桂、井上清一、石原幹市郎、伊能芳雄、館哲二、竹下豊次、松岡丙一、小柳牧衛、寺本広作、青柳秀夫、田中啓一、重成格、成田一郎、斎藤昇……以上参議院。

衆参両院で現に議席をもっている者三十余名であるから、これだけで党内の一有力派閥が出来るし、小政党くらいは結成できよう。

**商工・通産官僚**

岸信介が政権をとって以来、商工・通産官僚は急に威勢がよくなって来た。この省は農林、大蔵と並んで最も利権が多い点でも、鼻息が荒いようだ。かつても、戦時の統制経済時代には全盛をほこり、権力をほしいままにした。岸信介、椎名悦三郎が、今日政財界に有している広い「顔」は、統制官僚時代にその基礎が確立されていたものである。椎名は今も通産省内にニラミをきかせ、通産官僚も猫のように椎名の鼻息をうかがっている。岸政権が続けば椎名がやがて通産大臣に就任するだろうことは間違いない。

政界に進出しているものは案外に少なく、岸、椎名のほか、岸派の小笠公韶、池田派の小金義照、佐藤派の南好雄。参議院では近衛内閣の商工相と鳩山内閣の運輸相をやった吉野信次、大野派の古池信三だけだ。

**農林官僚**

この省も利権の巣といわれ、農林大臣の椅子は閣僚選考の際志望者の最も多いポストだ。しかも省内に堅固な派閥がある。鳩山内閣の農相河野一郎は、農相在任期間中に大幅な人事異動を断行し、首脳部を河野一色に塗りつぶした。岸政権の同じ主流派にいながら、岸は農林省の河野色を払拭するために、腹心の赤城宗徳を農相として送り込み、赤城は河野色をほぼ一掃した。赤城にかわった第二次岸内閣の三浦農相は、その政治力の弱さのためか、最近ではまた河野系が抬頭しつつあるという。農林省には、最近の河野系赤城系と別に元農相石黒忠篤、元農相松村謙三につながる旧勢力も、今なお隠然として強い。農林省出身議員の顔ぶれは次のとおりだ。

衆院……周東英雄（農相、安本長官＝吉田内閣）、遠藤三郎（建設相＝岸内閣）、三浦一雄（農相＝岸内閣）、笹山茂太郎、重政誠之、西村彰一、以上保守党、和田博雄（農相＝吉田内閣）、社会党

参院……重政庸徳、横川信夫、白井勇、藤野繁雄、井野碩哉（農相＝東条内閣）、赤木正雄、岸良一、溝口三郎、石黒忠篤（農相＝近衛内閣）、梶原茂嘉、紫田栄。

**運輸官僚**

運輸官僚は圧倒的に参議院に多い。運輸官僚は、〝国鉄一家〟の言葉もあるように、全国的規模で互に利害を中心に結び合いその利権を守っている。参議院に多いのはその経営規模の全国的なひろがりによるものである。戦後歴代内閣の総務課長で運輸省から派遣されて来るものがきわめて多かったことも運輸官僚の政治性を示すものといわれる。

衆議院では蔵相の佐藤栄作、高瀬伝の二人くらいのものだが、参議院では次の十一名を擁している。

堀木鎌三（厚相＝岸内閣）、村上義一（運輸相＝吉田内閣）、加賀山正雄、早川慎一、三浦義男、木島虎蔵、新谷寅三郎、森田義衛、高木正夫、天坊裕彦、伊能繁次郎。

**逓信・建設・文部官僚**

以上にあげた外務、内務、農林、大蔵、商工、運輸の旧六省の官僚が、政界に進出している官僚として幅をきかせているが、他省は余りふるわない。政治色や利権色の強い官庁出身者ばかりが、政界に乗り出し得るという大きな傾向を露わしているものだ。右の六省以外で政界に進出しているのは、旧逓信省出身の、有田喜一、木村俊夫、高橋等、松前重義（以上衆院）、中島栄、小林武治、前田佳都夫（以上参院）、建設省出身の岩沢忠恭、稲浦鹿蔵（いずれも参院）、文部省出身の剱木亨弘（参院）くらいなものである。

# 後篇　派閥の形成と領袖の系譜

# 第一章　悲劇の派閥

## 打算の爪跡

栄枯盛衰は昔から政治権力をめぐる宿命であった。滅び去った昔の権力の跡を顧みるとき、われわれはしばしば文学的感興にとりつかれるものである。たとえば黄色い火山灰の層深くから発掘されたポンペイの遺跡、南米の緑濃い高山に秘められたインカ王国の栄華を物語る城趾、あるいは今もなお建築芸術の至高を嘆ぜしめるギリシヤのパルテノン神殿……そうした過去の権力の遺された象徴を史書や写真などでみるとき、われわれは往古の栄華を思い起し、言い知れぬ感傷に耽らされるものである。

戦後の政党史を回顧するとき、そこにも極端な政治権力をめぐる栄枯盛衰の跡がみられる。既に消えてしまった強大な政治権力の跡がある。しかし、残念なことにまだ私たちはそこに史的美感や文学的感傷を感じとることは出来ない。人間の利害打算の爪跡が余りに露骨に彫り込まれているからだ。消え去った強大な派閥、たとえばこれから書こうとする〝広川派〟の運命などもその例なのである。

＊　　＊　　＊

### 広川弘禅対賀屋興宣

三十三年五月の総選挙では、元蔵相賀屋興宣が、東京三区（目黒・世田谷両区）より初出馬し、当選した。

この東京三区という選挙区は、元来保守党では広川弘禅の地盤であった。革新勢力の強い選挙区で三議席の中、社会党の鈴木茂三郎と故三輪寿壮が二議席を占め、保守党はいつも一議席しかとれない。そのため、広川は二十八年のバカヤロー解散による総選挙では、当時の自由党で吉田側近及び大野伴睦が後押しをして立てた安井大吉にその議席を奪われたこともあり、三十三年の総選挙にのぞんでは早くから懸命に地盤固めに努めていた。安井はその後三十年二月の選挙で落選して以来勢力を失墜していたから、もし新人に荒らされなければ、まず東京三区における広川は安泰とみられていた。

そこに東条内閣の大蔵大臣という肩書を持つ官界の大黒幕賀屋興宣が突如登場して来たとき、広川はかって安井大吉から受けたそれに倍する脅威を感じさせられることになった。

賀屋が選挙区に東京三区を択んだという理由は、偶然その住居が世田谷区にあったというだけのことである。当時彼はむしろ郷里の広島一区から立候補しようとの計画を立てた。彼のブレインの間には、彼の戦犯としての暗い経歴からも、東京ではインテリ層の批判がきびしく、浮動票を失う恐れがあるとして、郷里で出るべきだとの意見を具申する者が多かった。

しかし広島一区では、当時灘尾弘吉が文部大臣の椅子にものをいわせて強く、松本滝蔵も青年婦人票を集めて人気があった。一時は岸信介の力で、松本を某国大使に出してその地盤をあけようとの構想も描かれたが、松本はそんな棚上げ人事につられようとしなかった。賀屋もいったんは広島県下でさかんに講演会を聞いて瀬ぶみをしてみたものの、ついに広島で当選の成算は得られず、広川を落選させるハラをきめ、東京三区から立候補の名乗りをあげてしまった。

賀屋の背後には東急の五島慶太の莫大な金力が控えている。事前運動の戦端が開かれ、数ケ月もするとさすがの狸和尚広川弘禅も賀屋の攻撃の前にネをあげてしまった。こうして彼は敗戦の将のように東京から兵を引き郷里福島二区に選挙区を移籍することになった。かつての大民自党の幹事長としては余りにみじめな退陣の仕方といえよう。しかも今やこの広川に同情し、彼の力となる子分はただの一人もいないし、また福島の新選挙区に乗り込んで彼のために応援しようという盟友もいなくなってしまった。

### 全盛期の広川

かつて〝広川派〟といえば、自由党内の最大の派閥であった。最盛時には〝広川派〟のリストには七、八十名の国会議員の名がのっていた。吉田全盛時代の広川弘禅幹事長は、当時やりたいと思うことは何でも出来たのであった。

広川は保守党政治家に珍らしく、待合政治、夜の政治というものをしなかった。毎夜八時には床に就いた。そして毎朝四時には起床、東京世田谷三宿町のその邸宅の庭に出て、鶏や豚に餌を与え、八時頃にはその玄関は来客の靴で溢れた。

もっともこの毎朝四時の起床というのは、本人の語る所であって確証があるわけではない。というのは誰も毎朝四時に広川邸を訪問して確めてみた者はなかったからである。ただ一度ある新聞記者が早朝七時頃、広川邸を訪問したところ、弘禅和尚がグーグー高いびきをかいて寝ているのを見たという話を聞いたことがある。

それはともかく、ワンサと押しかけた朝の訪問者たちは大部屋でごった返しながら、テンデに大きな飯びつをかきまわし、朝飯をふるまわれるのが常であった。毎朝の朝食は必ず広川邸で喰う事にしている……と豪語する新聞記者もあった。

### 「広川派」の顔ぶれ

この広川幹事長全盛期に、三宿の広川邸に出入りしていた現代議士の名をあげてみよう。頭書は現在所属している派閥名である。こんなにも完全に壊滅し、こんなにも広範に散らばってしまった派閥の例はちょっと稀であろう。今日では「広川派」と名のつく代議士がただの一人もいないことを思い浮べつつ読んで頂きたい。

〔河野派に行った者〕　田中彰治、根本竜太郎、浜地文平、高木松吉、松永東、松岡松平、高橋英吉
〔大野派〕　内海安吉、原健三郎、川野芳満、綱島正興、犬養健
〔石井派〕　篠田弘作、坂田道太、塚田十一郎、関谷勝利
〔岸派〕　山口好一、永田亮一、小笹公韶、岡崎英城、遠藤三郎、今松治郎、浜野清吾
〔池田派〕　小西寅松、川村善八郎、小平久雄、北沢直吉、野沢清人、野田卯一、逢沢寛
〔佐藤派〕　鈴木善幸、田中角栄、浅香忠雄、田口長治郎、橋本竜伍、南好雄、足立篤郎、瀬戸山三男、

松山義雄、大野市郎
〔石橋派〕山本猛夫
〔藤山派〕小沢佐重喜、江崎真澄
（これらの代議士中には、他の派閥から広川派に転じ、さらに現在の頭書の派閥に転ずるまでに他の派閥を転々とした者が少くないことを附記しておく。）

**広川派の凋落**

後に述べるように、岸派が幹事長の椅子を利用して、総裁争いの機会を通じて、そしてついに政権の座についたことによって、それぞれ段階的にはげしくふくれ上っていったのと逆に、広川派の場合、自由党内で故緒方竹虎と対立して吉田の寵を失い始めた時期、自由党を脱党して鳩山のもとに走った時、次に三十年二月の鳩山民主党による選挙に落選した時以来と、櫛の歯の抜けるように、段階的に急速に縮小し、ついに零にまで落ちてしまった。

**緒方との対立**

まず緒方の登場が広川にとって幸運の神に見放される第一段階であった。後になって吉田ワンマンも、緒方に裏切られ、「ブルータス、お前もか」という恨みを感じ、ホゾを噛む思いをするに至るのだが、官房長官―副総理にと抜擢して行った頃の吉田の緒方に対する信頼は大変なものだった。吉田は気に入ったら猫のように一人の人間をかわいがるクセがあった。広川の場合もそうだったし、福永健司や池田勇人の場合もそうである。今大野派に属し、吉田残存勢力と対立する立場にある犬養健や福田篤泰などもそうだ。

特に緒方の場合は、その風貌、押し出しの立派さなどからも吉田は特に気に入り、これこそ俺の跡目だと思い始めた兆候があった。どう見ても、ゴミ箱から出て来た狸のような面相の広川とでは、見た目に月とスッポンくらいの違いがあった。そういう男ップリからするインフェリオリティ・コンプレックスも、潜在的には、広川の脳中に生れていたのかも知れない。

吉田の跡目を以って任じていた広川にとって、吉田の緒方に対する病的なほどの寵愛ぶりには、そうでなくてもこういうことに特別鋭い嗅覚を持つ広川にとって、我慢のならないほどシャクのタネだったに違いない。

やがてコールド・ウォーが始まった。

広川はまず緒方と佐藤との間の離間を策して立ち廻った。結果的には将来緒方と佐藤とは嶮しく対立するようになったが、当時では広川の離間策は効を奏しなかった。もっとも将来の緒方対佐藤の対立の種くらいはまくのに成功していたのかも知れぬが。

緒方及び佐藤を中心とする吉田側近と対抗するため、広川は三木武吉の誘惑の手にのった。吉田の寵が既に限界に来たと見切りをつけ、三木武吉の手だまに乗せられて鳩山に款を通じたとき、広川は戦後政界での典型的な明智光秀になっていた。

## 吉田への裏切り

この頃、すなわち昭和二十八年の春、自由党はすでに辞意を洩らしていた林幹事長を更迭しようとしていた。広川は後任幹事長を狙った。が吉田は当時建設大臣だった佐藤栄作を幹事長に指名した。広川の不満は爆発寸前に来た。広川は総務会長に三木武吉を推薦し、三木は総務会長の椅子を得て、吉田の枕頭に迫ろうとした。

二十八年一月二十日、広川は三木と共に鳩山一郎と会見した。場所は目黒の元右翼特務機関の児玉誉士夫の屋敷であった。児玉はその後も三木武吉、河野一郎らの黒幕として、今日の岸政権下にも怪腕をふるっている。この児玉邸の会談はついに写真が新聞紙上に出て、広川の対鳩山密通の動かぬ証拠となった。もともと右翼を嫌う吉田は、この会談の報道を知って激怒した。

やがて衆議院予算委員会での吉田首相のバカヤロー事件が起きた。二十八年三月二日、吉田茂に対する懲罰動議は、自由党民同派と広川派の提携欠席により可決された。怒り狂った吉田は、直ちに農相広川を罷免した。

広川の光秀はしかしこの時もなお最後のふんぎりがつかず、動揺した。すなわち、懲罰動議に続いて、三月四日衆議院本会議に上提された内閣不信任案に対しては、民同派と反対に、反対投票をした。吉田は即時衆議院を解散した。これがいわゆる「バカヤロー解散」である。

この日の本会議の開かれる寸前、自由党の民同派の三木武吉、平塚常次郎、森幸太郎、森清、松田鉄蔵、松田竹千代、石田博英、木村武雄、山本正一、山村新治郎、松永東、佐藤虎次郎、石橋湛山、河野一郎、重政誠之、亘四郎、中村梅吉、古島義英、加藤常太郎ら二十二名が脱党した。これらの人々は今日河野派及び石橋派の中核となっている。

不信任案に対する態度について、広川派は賛成論と反対論とに二分した。反対論が多数を制し広川は反対に決した。しかしいよいよ解散となると今度はまた民同派に同調、離党した。これが広川凋落の最初の決定的瞬間だった。七、八十名にも及んだいわゆる全盛期の広川派の中で、この時広川と行動を共にしたのは僅かに十二名であった。すなわちこの時離党届を提出した広川派は、広川弘禅のほか根本竜太郎、中野武雄、江崎真澄、田中彰治、佐治誠吉、川村善八郎、首藤新八、松浦東介、高木松吉、浜地文平、小笠原八十美、川野芳満であったが、このキリストの使徒と同数の離党者中、今日生き残って議席を持っている者は八名、それも河野派、大野派、佐藤派、岸派と完全に分散してしまっている。

落目の広川に、吉田はさらに追い討ちをかけた。吉田側近の幹事長佐藤栄作は裏切者として、国務大臣大野伴睦は積年の怒りをこめて、それぞれ動機は別として、広川の選挙区、東京三区（目黒・世田谷）に乗り込み、無名の候補安井大吉をおしたて、広川追い落しに全力をあげた結果、さしもの広川もついに落選した。

吉田を裏切り、鳩山陣営に走った広川に対する批判は政界の内外を問わずきびしかった。同盟軍の鳩山直系組の間にあってすら、薄気味の悪い異分子として扱われた。筆者はこの時の総選挙の開票結果が判明した日、音羽の鳩山邸で、石田博英が鳩山に「本当のところ広川が落選したので我々はほっとしているのですよ」とささやくのを聞いたことを今でも忘れられない。こうなっては政治家としてみじめさの極みといわねばなるまい。

やがて広川は、政界の表面から沈み、誰からも忘れ去られて行ったが、それでも次の三十年二月の総選挙では逆に安井大吉を落して当選した。再び芽を出すかと思われもした。

**和製フーシェの限界**

この年の暮、広川の宿年の仇敵大野伴睦が保守合同問題で東奔西走した過労の結果眼底出血で倒れ、一時入院した。広川はその病床に大野を二度まで見舞った。仇敵の軍門に降ろうとしたのだろうか。筆者は当時この事実を知って広川の変り身の早さに驚いたものだ。しかも広川はすでに鳩山に対し敵対するに至っていたのだから、フランス革命のときのジョゼフ・フーシェにまさるとも劣らぬ変転ぶりだったのである、が結局この和製フーシェの権謀術数にも限界が来た。その後三十一年末の総裁公選では石井光次郎をかついだりしたし、一時は故砂田重政が「広川を拾ってやろうか――」などと語っているのを聞いたこともあるが、もはや政界の誰もが彼を相手にしなくなった。そしてついに三十三年五月の総選挙で東京三区を賀屋興宣に追われ、生れ故郷の福島二区に選挙区を移したものの、再度の落選の憂き目を見てしまった。今や彼の政界における再起を予想するのは困難ではあるまいか。脱俗の和尚を気取っていた弘禅氏も、ほんの十年間足らずの間のこのはげしい運命の変転に、どんな感慨を抱いていることであろうか。

この広川派の惨憺たる凋落ぶりとはまったく対照的に、しかも偶然その同じ選挙区から、実際は広川弘禅を追い出した形で選出された賀屋興宣は、まだその議席も持たぬ前から、はなばなしく政界の一隅に登場し、すでに数十人の子分を擁する一派を創立していた。

## 栄枯の交替

広川が吉田政権下で権勢をほしいままにしていた頃、賀屋は暗い巣鴨の戦犯収容所で、希望のない毎日を送っていた。その頃、一人の代議士でも賀屋の留守宅を見舞い、巣鴨に差入れに通ったものがあっただろうか。

やがて仮釈放された賀屋は、東京京橋の角の第一相互ビルの三階に事務所を構え、西方永田町の空を窓越しににらみながら、政界再起の構想をねりはじめた。すでにバックは東急王国を誇る五島コンツェルン、軍資金は無制限に流れ出る筈である。政界ほど先物買いのはげしいところはない。議席もない彼のまわりには「賀屋派」という新派閥が誕生、「賀屋内閣」を夢みて動きはじめた。一昨年夏、賀屋がはじめて政界出馬の名乗りをあげるため大阪財界と懇談に西下したときには、松本俊一、愛知揆一、迫水久常、大村清一といった閣僚級国会議員がクツワを並べてこれに同行し、政界は目を見はったものであった。

政界での栄枯盛衰はこのようにはげしい。今日の栄華も、明日の没落につながっている。政治家となることは、ひとつのギャンブルに身を挺することである。

**没落した派閥**

広川弘禅ほど、派手な盛衰記を描き残しはしなかったにしても、一時は内閣首班の座を夢み、星島二郎（現衆院議長）、山口喜久一郎（現国務大臣）らをひき具し、吉田政権の足もとをゆるがした故山崎猛も、いったん本能寺の夢破れるや、二度と政界の檜舞台には登ることなく、淋しく五反田の寓居で死んで行ったし、かつて民主党総裁として、数十人の陣笠をひきいた犬養健も今や一人の子分もなく、領袖の座を下りてしまったきりである。ひとたびは宰相の印綬まで帯びた芦田均も、昭電事件以来、二人減り三人去って、今では行動を共にする子分は志賀健次郎唯一人に過ぎなくなった。これらの人たちは、いずれもひと幕ずつの栄枯の物語を演じ残したわけだ。

戦後の政界ではたとえ一度政権をとり、首相の座についた人に対しても、政権を離れさえすればもはや無情の風が吹く。吉田茂、鳩山一郎、石橋湛山らにしても、訪客は日に日に数を少くして行く、たとい何人かの忠臣が無聊を慰めに行くことがあろうとも。

戦前ならば、元首相の経歴者は「元老」または「重臣」と呼ばれ、後の政権に〝大命降下〟する際の相談にあずかり、強い発言権を政界に確保し得たものだが、戦後の新憲法下では、一たん政権を手ばなせば、復活の夢もなく淋しく引退して行くよりほかはない。

鳩山派が姿を消して、大野派、河野派が政権の中枢を握り、吉田派は分裂して、対立する池田・佐藤両派に姿を変え、広川派も割れたガラスビンのように、チリヂリになってしまった。一方藤山派、賀屋派などが、明日の政権をめぐってはなばなしく登場しようとしている。それは積木玩具を、組立ててはこわし、また組立てるようにはかないものであるかも知れないが、今日の政界の避けられない宿命である。

### 七ケ師団三連隊

以下の各章では現在の保守党の構成要素となっている各派閥の発生と形成の過程を描き、今日の保守党の派閥構成からみた生まの実態を解剖しようと思う。各派閥の領袖、いわゆる〝親分〟がどのようにして誕生し、その勢力をどのようにして維持しているか……をみるのもひとつのテーマである。

去る三十一年の暮、岸、石橋、石井の三領袖が総裁公選に立候補し、各派閥が入り乱れて争い、領袖たちが権謀術数の限りをつくして虚々実々の取引きを演じたころが、保守党の全派閥がその存在と性格を明かにしたひとつのクライマックスだった。その際石橋派の参謀として、石橋チームの勝利投手となった石田博英は、当時の自民党内の派閥を「七ケ師団三連隊」と呼んだ。師団とは二十名以上の陣笠国会議員を擁する派閥——すなわち岸、石井、石橋、大野、河野、三木—松村、吉田（当時はまだ池田、佐藤両派の完全分裂以前だった）の七派閥、連隊とは十名前後の陣笠を従える派閥——すなわち北村、大麻、芦田の三派閥のことであった。これが岸軍団に岸、河野の二師団と、吉田師団中の佐藤系及び大麻連隊、石橋軍団に石橋師団、三木—松村師団、大野師団の三師団、石井軍団に石井師団と吉田師団中の池田系がそれぞれ参加し、芦田・北村両連隊は岸・石橋の両陣営に分割派兵した。

その後石橋師団は、政権を失うや弾薬・兵糧に苦しく、大久保・石田の両連隊長の対立もあって、すでに〝師団〟の陣容なく、一方吉田師団は、池田・佐藤両派が単一師団として独立、そこに藤山・

賀屋・一万田など連隊級の新興派閥群が加わって現在の保守党を構成している。以下これらの派閥を、その領袖を浮き彫りしながら、それぞれの特性を論じて行こう。

## 第二章　譜代・外様の葛藤（岸派）

### 南条徳男の憤激

三十二年七月のある日、箱根宮ノ下の奈良屋旅館で、当時建設大臣だった南条徳男は、中村首相秘書官にあわやつかみかからんばかりに激怒していた。首相岸信介に面会を求め、テイ良く拒絶されたからである。

当時奈良屋旅館には、組閣の構想をねる岸首相が宿泊していたが、殺到する入閣自薦他薦組の強訴泣訴を避けるため、首相は原則として訪問客との面接をことわるよう、中村秘書官に指示していたところ、南条建設相も面会拒絶組の中に入れられてしまったのである。

南条徳男といえば、再建連盟当時より三好英之、武知勇記らとともに岸の新党運動に参画して来た譜代組であり、特に三十一年末の総裁公選では、敗戦したとはいえ、岸派の参謀総長兼軍司令官として、岸総裁工作に挺身した功労者である。当時川島正次郎は持病のゼン息で病臥しており、武知勇記は鳩山内閣による三十年二月の総選挙で落選して政界の表面より退陣中で、南条は必然的に押しも押されぬ岸派の幕僚筆頭にあって、岸派の軍資金一切をあずかる勘定奉行の役も兼ねていた。総裁公選で敗れた後も、石橋内閣の組閣では、論功行賞で建設大臣として入閣していた。

**譜代の序列**

一体、岸派譜代組の序列を強いてつけるならば、鳩山政権の樹立とともに岸信介が政界表舞台に登場して以来の論功行賞、すなわち入閣した順序がそのひとつの基準になろう。これをみれば①三好英之・武知勇記（第一次鳩山内閣）、②川島正次郎（第二次鳩山内閣）、③南条徳男（石橋内閣及び第一次岸内閣）、④赤城宗徳（第二次岸内閣）、とみることが出来る。この四人の中、物故した三好、落選した武知、当時病臥していた川島を除けば、椎名悦三郎が未だ派手な存在でなかったその頃としては、南条が参謀総長として自他共に許したのも当然であったろう。

その南条が、箱根の山を登ったあげく親分岸に面会謝絶を喰ったのでは激怒するのも無理なかった。

南条のケンマクに恐れをなした秘書官は、首相に事情を話し、相談した結果、「旅館の廊下で偶然すれ違った……」という形で、首相と短時間会見させることにしてその場をとりつくろったものだ。

この際岸首相としては、石橋内閣から、そっくり引き継いだ第一次岸内閣の閣僚は、総入れ替えして面目一新し、本格的な岸体制を作ろうとし、組閣参謀は実質的には、幹事長を予定された川島正次郎、これに、形式的な意味で当時の幹事長であった三木武夫を加えた。南条はこの時、石橋内閣以来閣僚在任期間が僅か半年に過ぎなかったことと、閣僚中唯一人の岸直系であったことから、当然例外として自分だけは留任してしかるべきだと考えていたようだった。留任を困難とする情勢が確定的になってからも、官房長官の椅子を描いていたらしい。

ところが、岸の組閣構想は、特に河野一郎の進言に強く影響されていたせいもあって、この南条の期待を完全に裏切ったものとなった。因みに、元来岸派参謀組の中で鳩山政権樹立前後より川島は赤城宗徳、大倉三郎らとともに親河野派的立場にあり、南条は反河野色の強いグループの中心に位置していた。

南条グループは、組閣ぎりぎりになって、「南条官房長官」を断念し、かわって藤枝泉介の官房長官構想を押し出したが、これもあっさり蹴られてしまった。

こうして本当の意味での最初の岸内閣であった三十二年七月の改造内閣では、赤城が入閣したのみで、南条グループは完全にしめ出された。

### 「三河武士」の歎き

この頃、この南条グループの間には、

「どうせ俺たちは三河武士さ……」

という、自嘲的な囁きがかわされていた。

これは徳川家康が豊臣を倒して天下を平定し政権をとったのち、三河以来の本多、榊原といった旗本たちは、田舎武士扱いをされ、重用されなかったという話に、自分たちの岸政権下での境遇を対比し、皮肉ったので、親分岸に対するあてこすりともいえる微妙な感情を、露わしたものだといえよう。

事実岸は政権に近づき、吉田政権時代よりの不遇だった子分たちの論功行賞を実行し得る段取りになってから、案外人事の〝公正〟ぶりをみせ、直系の譜代・旗本組を偏重しなかった。これは岸の両岸とか八方岸とかまでいわれるソツのなさの現われでもあったろうが、これに反し、外様組が比較的優遇されている。

たとえば「大麻派」に対する処遇である。故大麻唯男は、持ち前の渡り身のうまさより、かつて鳩山擁立に一役かって、自ら鳩山内閣の国務相となって恩賞を受けたが、三十一年末の総裁公選にのぞんでは盟友松村謙三らと袂を分ち、いち早く岸擁立に動き、大麻派とその直系組との間に「十一日会」を作って定期的に会談し、岸に接近し始めた。

大麻の物故後も、この十一日会は続けられ、岸陣営の中の特異な存在となっているが、石橋内閣には宮沢胤男を運輸相として送り込み、次いで第一次岸改造内閣では唐沢俊樹を法相として、第二次岸内閣では三浦一雄を農相として送り入れるのに成功している。

さてここで岸派中、まず〝三河武士〟グループを紹介しておく必要がある。

## 戦前の岸周辺のグループ

戦前より岸と親交のあった譜代組としては、むしろ椎名悦三郎あたりが筆頭に位置する。椎名は東条内閣で岸商相の下で次官をつとめる前より、商工省内で岸の直系として活躍、戦前戦後を通じ岸と苦楽を共にした。岸の巣鴨に入獄中及び追放中を通じ、岸家の台所を見てきたのも、藤山愛一郎、井野碩哉らとともに椎名の尽力を忘れることはできない。追放中岸が東洋パルプの会長に坐ったのも椎名のあっせんだった。

そういう意味で、岸の側近ナンバー・ワンを代議士から探せば椎名を措いてない。だが椎名は遺憾ながら政界には三十年二月選挙ではじめて登場し、今度の総選挙でようやく二年生となったばかりだ。この点当選十回の川島や、七回の南条などに比すると、一般の目からすると貫録の差が感じられるのは止むを得ないところだろう。

商工省当時、岸と親交のあった後輩官僚の現代議士には椎名のほか、小金義照、南好雄、高橋等、小笠公昭、始関伊平らがいるが、小笠が今も岸直系に属しているほかは、小金、南、高橋らは池田派に走ってしまっている。

党人として戦時中岸と接触のあったのは川島正次郎、綾部健太郎、赤城宗徳、大倉三郎らで、これは当然今や岸派譜代の立場にある。岸が東条内閣で商工大臣より国務相兼軍需次官に横すべりした頃の商工省委員及び軍需省委員であったグループには川島、赤城、大倉のほか木暮武太夫、横川重次、三木武夫、故宇田耕一、松本治一郎、川俣清音、中谷武世（落選）らがいたが、いずれも今日保守党内の派閥を異にし、また社会党に行ってしまったりしている。さらに岸が東条内閣打倒に廻った頃には、小泉純也、馬場元治、高岡大輔、斎藤憲三、松浦周太郎らが若手議員として赤城、大倉らとともに岸の周辺にあったが、これも今日では岸派の中にいない。

岸は戦時中のいわゆる「革新官僚」の雄、翼賛会幹部とはつながりが強かった。当時川島正次郎は翼賛会情報部長、南条徳男は同情報部次長、赤城は翼賛会茨城県事務局長といった関係もあった。が、このように、戦時中からの岸派の人々の間の脈絡を辿っていれば、迂余曲折、転変限りないから、一応岸派の譜代旗本組を①戦後岸が追放解除間もなく再建連盟を結成した頃の同志、②鳩山民主党を結成した際、岸と行を共にして吉田政権下の自由党を脱党したグループ——と定義しておこう。

「日本再建連盟」の構想は、岸がまだ巣鴨にいたころ、三好英之によって立案されたものである。そして岸の出所直後発足したのだが、その時の役員は、理事長が三好英之、理事には永野護、武知勇記、有馬英治、依光好秋、森下国雄、中村梅吉、長野高一、永山忠則、馬場元治、真鍋儀十、薩摩雄二、本領真治郎、川島正次郎ら、顧問には藤山愛一郎の顔ぶれがあげられていた。このメンバーの中、永山は大野派、石井派などを経て現在は賀屋興宣派に、馬場は故緒方派から石井派に、真鍋は大麻派に、薩摩は三木派に属し、やがて岸の周辺から離れて行った。

## 「再建連盟」の人々

再建連盟が「政治結社」の届出をしたのは二十七年七月三日で、この時岸は会長になっている。その直後八月二十六日には吉田内閣の抜き討ち解散があり、十月一日には総選挙が施行されたが、この選挙で純粋に再建連盟所属として立候補したのが、三好、武知、有馬、依光、始関、福家俊一らだった。このほか、自由党所属として再建連盟系より出たのが川島、南条、馬場、森下、改進党所属として再建連盟系より出たのが小泉純也、佐藤芳雄、笹本一雄ら、合計数十名もあった。岸自身及び綾部健太郎はこの時立候補しなかったが、選挙の結果右の中当選したのは、純再建連盟では武知ただ一人で、三好も次点落選したほか、他は全部落ちてしまった。これで岸の戦後最初の野心的構想はまんまとつぶされてしまい、しばらくは雌伏しなければならなかった。しかし自由・改進両党より出て当選したのが、川島、南条、永野、森下、小泉、佐藤ら二十余名あった。

このメンバー中、その後岸派から離脱することのなかった武知、有馬、森下、綾部、川島、南条らは、まず岸譜代の臣といって間違いのないところだろう。

次に民主党結党の時の自由党脱党組の顔ぶれをみてみよう。

**自由党脱党グループ**

岸が自由党内で新党工作を続けている頃、岸の周辺には三十名を超える同調者がいた。これがいよいよ鳩山派及び改進党と合同して民主党を作り、自由党を脱党する段取となると、さすが党籍変更は代議士にとって政治生命を決する大問題であるから、次々に尻込みする者が現われた。これは自由党内の鳩山派でも共通する現象だったが、このとき、すなわち昭和二十九年十一月二十二日の脱党者は総計三十五名に留まり、そのうち岸派は、

赤城宗徳、遠藤三郎、小笠公韶、岡本忠雄、川島正次郎、武知勇記、田中竜夫、南条徳男、永田亮一、福田赳夫、藤枝泉介、坊秀男、始関伊平

の十三名（岸信介はこのとき自由党を石橋湛山とともに除名されていた）であった。なお鳩山派（広川派・石橋派からの合流も含む）からは宇都宮徳馬、小枝一雄、森清、松田鉄蔵、佐藤虎次郎、山口好一、加藤常太郎、菊地義郎、花村四郎、鈴木仙八、根本竜太郎、小高熹郎、島村一郎、北昤吉、星島二郎、山本正一、安藤正純、鳩山一郎、田中好、参議院より杉原荒太、団伊能、中間派から大村清一という顔ぶれであり、これに続き十一月二十三日には石田博英、木村文男、石坂豊一、二十四日に首藤新八、高木松吉が脱党した。

この時脱党した岸派十三人衆こそ、今も岸派譜代・旗本組の中核となっているものだ。

岸にしてみれば、自分について来てくれたこの脱党組に、当時として相当強い信頼感を持ったこと

は間違いない。と同時に脱落者に対しては嫌悪の気持も感じただろう。その後も、民主党、次に自由民主党の幹事長に就任してより、急速に頭数が増えて行ったころ、彼は筆者ら記者団にしばしば、

「岸派といってもあれは幹事長派だよ、本当の岸派は自由党から脱党した連中だけさ」

と語ってにが笑いしていたものだ。

しかし徳川家康が、東海の一国守から、ついに天下を平定するに至るとき、去る者は斬り、新たに帰服して来る者は清濁を併せて大きく包容して行ったように、岸信介も、議席を持たぬ旧再建連盟時代より自由党脱党時を経て、今日の大保守党総裁、首相の金的を得るまでには、広く異分子を糾合して行かなければならなかった。しかも糾合するだけでなく、異分子をむしろ直系の子分よりも優遇する必要すらあった。たとえば三十一年末の総裁公選の折には、従来の直系組より、新たに岸陣営に獲得せねばならなかった他派の者に、はるかに多くの黄白をまかねばならなかったし、その後の人事をめぐる論功行賞に際しても、それぞれしかるべきポストを分配しなければならなかった。党内野党鎮撫のために官職配分政策をとることは党首の常套手段であって、当然党首直系組は多少とも、この配分政策の犠牲になるものだ。

ここに年来の忠実な子分たちの間に、例の「どうせ三河武士さ……」というささやきがかわされても仕方のない理由があったわけである。

今後も、岸政権が長期化し、安定して行けばそれだけ、岸派内のこの譜代・旗本組と外様組との間の相克ははげしくなって行くだろう。

今日岸首相の側近にあって最大の実権を握っているのは、いうまでもなく勘定奉行の川島正次郎であり、これについで岸内閣最初の総選挙にのぞんで、軍資金の面で川島を補佐した福田赳夫、椎名悦三郎の二人である。

この川島、福田、椎名の三人ともに元来、岸にとって譜代・旗本なのだが（厳密にいえば、福田は昭電事件後、二度無所属で出ており、岸との接触は川島・椎名にくらべればずっとおくれる）、同じ三河組の中にもこの三人に対する反感が湧いていた。その反感が、去る総選挙後の党役員人事、内閣改造をめぐって、川島幹事長を椅子からしりぞけ、南条を幹事長に擁立すべきだというひとつの構想になって、一時表面化しようとしたことがあったほどだ。

岸派の中に、親河野、反河野の対立が生じたのは、新党運動時代にさかのぼるが、特に鳩山政権時代の日ソ交渉時代には相当けわしく表面化し、総裁公選の際に、河野と手を握るか、河野と切って池田派、石井派の方面に話をつけるか……という岸にとって最大の岐路にのぞんだ時、一時は爆発点に達しようとしたことさえあった。

この間にあって川島、椎名らは終始河野とは便宜的にであれ手を握って行くべきだと主張し、反河野の線に行くべきだとする他の三河武士のはげしい批判を浴びた。

特に鳩山民主党による選挙ではじめて議席を持って出て来た岸直系の林唯義などは「もし岸が河野と手を握るなら岸の傘下から脱する」とまで息まいていたし、岸陣営では外様格の千葉三郎、大村清一、首藤新八らも林らに同調、場合によっては反岸陣営に走るのではないかと思わせたこともあった。

このような派閥内部の人事や政策をめぐる争いは、岸派だけではない、もちろんどの派閥にも起ったし、現に起っている。河野派にも森清や重政誠之が側近としての信用を得たということに対する反感からついに河野派を離脱してしまった人もいるし、石橋派でも石田博英の立廻りのうまさに対する反感から、大久保留次郎派と石田派の対立が生じたことは周知のとおりである。

特に大世帯となった岸派の場合、内紛が生じても止むを得ないところだろう。いずれにせよ、ここ当分岸派内の実権は川島、椎名、福田らの手中に握られて行くことだけは間違いのないもののようだ。

**外様組の構成**

次に岸派外様部隊の構成を分析してみよう。まず、この外様組の骨組を大きく分解すると、

① 鳩山引退後合流して来た旧鳩山派（広川派を含む）
② 旧改進党保守派といわれる大麻派
③ 同じく芦田派の大部分
④ 旧改進党系中間派で、総裁公選にのぞんで作られた〝山王会〟の大部分
⑤ 河野派から、河野一郎に批判的になって移転して来た者

の五つのグループがある。このうち、頭数の上では旧改進党系が圧倒的に多く、旧改進党議員中反主流派の中核に納まる三木・松村派、河野派に吸収された北村派を除くほとんどが岸派の中になだれ込んでいる。そしてこの大部分が、かつて岸自身が「岸派でなく、幹事長派だ」と呼んだように、岸派

というより〝総裁派〟と呼ばれるべきかも知れない。

この外様部隊の膨脹は三段階の時期にわたってみられる。まず、①岸が幹事長時代、金の集散役という有利な立場を利用して勢力の拡張をはかった時期、②三十一年末の総裁公選の際、石橋湛山、石井光次郎と争って、約三億円と伝えられる実弾をばらまいた時期、③いよいよ政権の首座につき、政府・党の最高実権を握り、それまで右顧左べんしていた中間派がようやく去就をきめて流れ込んで来た時期……である。

外様組の全員がそうだというわけではないが、その大部分が、岸の人格とか思想とかにひかれて来たのではなく、岸の掌握した金力と権力にひかれて、水ぶくれ的にふくれ上ったものだということは、否定できないところであろう。

その顔ぶれをみると鳩山派からの合流組としては、特に民主党結党の際に岸と同調し、その当時一応鳩山陣営にいた旧自由党中間派や広川派が含まれ、純然たる鳩山直系は少ない。その主なメンバーは星島二郎、大村清一（やがて反鳩山になった）、首藤新八（旧広川派で一時鳩山陣営に走り日ソ交渉以来反鳩山になる）、菊池義郎など。

大麻派では唐沢俊樹、宮沢胤男、三浦一雄、山本粂吉、野田武夫、中村庸一郎、真鍋儀十など。

芦田派からは小島徹三、有田喜一、床次徳二、山本利寿。

山王会では楢橋渡、小川半次、早川崇などだが、旧改進中間派の千葉三郎らこれより早く岸陣営に参加していた者もある。

河野派からは池田正之輔、山村新治郎などは、持ち前の強情な性格から、河野と仲違いし、岸派客分格で流れ込んでいる。

**岸派の官僚性**

岸派には、吉田派（池田派と佐藤派）とともに、官僚出身者が圧倒的に多い。（もし自民党内を〝党人派〟と〝官僚派〟に分類するとすれば、官僚派としては岸派、池田派、佐藤派、党人派としては河野派、大野派、石橋派、三木・松村派というぐあいに系列化されるだろう。この場合中間的な石井派はどちらかというと官僚派的色彩が強い。）

岸派の持つ官僚派的色彩は、親分の岸信介がまずキッスイの官僚、特権官僚コースから議席のない国務大臣になった典型的な出世型官僚であり、性格的にも官僚臭がきわめて強いという事実によって、いっそう濃くなっている。岸自身もこのことをよく自覚しており、政権をとって以来、大野伴睦、河野一郎ら党人派の領袖の建議もあって、できるだけ岸派の官僚出身者を起用しない方針をとって来た。もし政権獲得後、子分中の官僚出をどしどし起用すれば、すぐに〝岸官僚政権〟との悪評を受けることが必至だったからである。

この点からみて、岸直系組のなかで有利な立場に立つのは、川島正次郎、赤城宗徳、南条徳男、大倉三郎らの党人組であり、新党運動以来岸に貢献した遠藤三郎（農林官僚）、小笠公韶（商工官僚）、藤枝泉介（内務官僚）、椎名悦三郎（商工官僚）らの出世は、彼らが官僚出身であるという理由で若干遅らされそうになり、遠藤らは「官僚出身だという理由だけで冷飯を喰わされるのは不公平だ」とぼやいたこともある。第二次岸内閣で遠藤が入閣したのは、岸の南条グループ鎮撫策だともいわれている。しかし、官僚上りの吉田茂が官僚出身議員をやたらに重用したように、岸もまた官僚重用の傾向が次第に出て来ている。

## 岸信介の命運

以上のような複雑な構成を持つ岸派の弱みは、大世帯として止むを得ないことでもあろうが、何といっても団結力の欠けているところである。その点同じ主流派の中でも大野派や河野派の持つような戦闘力が足りない。これには、秀才型官僚出身が多く、大野派や河野派のような野人型党人型の闘士が少ないことも原因していよう。

かつて広川派が、八十名もの、ちょうど今日の岸派と同じような大部隊をようしていながら、今日ではまったく雲散霧消してしまったように、将来岸が政権を失った時に、果して現在の岸派中、何人が岸と運命をともにする覚悟をもって、岸の幕下に留まるだろうか……を考えると、筆者はきわめて悲観的な予測をしなくてはならないように思うのである。

ここでいささか筆者の懐旧を許されるならば、私は吉田内閣全盛期の東京芝白金の首相公邸詰めの張り込み記者をしていた頃のある日のことを思い起す。

ぜい沢なこの元朝香宮邸であった公邸の広い芝生で、その日衆参両院の自由党議員を招待したガーデン・パーティーが開かれていた。芝生のあちこちでは、党の有力者を囲んで談笑する者、多くは卑屈な表情で腰をかがめ、お追従笑いをし、特に吉田ワンマンの坐るテーブルでは、我先にと席を争って、ワンマンに認識されようとシャシャリ出ていた。当時の幹事長佐藤栄作氏の周囲も、同様のにぎわいを見せていた。未来の宰相岸はその庭園の隅の方をひとりしょんぼりと散歩していた。岸信介は当時自由党に入党したばかりで、もちろんすでに戦後政界での惑星的存在となっていたが、実弟の栄作のハブリよさにくらべ、いかにも岸の周囲は淋しい感じがして、その一人歩きする姿に私は妙に強い印象を受けたものである。

その彼が、今ではその時のワンマンを叩き落し、政権の首座に世をときめき、当時争って吉田ワンマンをとりまいていた連中に、チヤホヤととり入られているのだ。

このパーティーよりほどなく、佐藤栄作は造船汚職で失脚、鳩山政権下の保守合同時も暫くは党外で無所属の片隅にいたとき、世田谷の彼の私邸を訪れる政界人は数えるほどになったし、吉田ワンマンにしても、今や日に日に大磯詣での頭数は減少の一途を辿っている。

政界の離合集散の間に、人の情は紙よりも薄い。まして金力と権力によって急速に膨脹した岸派の場合も、同じように岸信介がいつの日か砂を嚙むような思いで、過去の栄華を想い起す日を迎えないとは限るまい。

# 第三章　党人派の結束（大野派）

## 白政会の由来

昭和三十二年三月五日、この年の暖冬に珍らしく朝からチラチラと白い小雪の降り出した日、麹町一番町の邸宅街に「白政会」事務所開きのカクテル・パーティーが開かれた。この席上河野一郎が「春秋会」すなわち河野派を代表して起ち祝辞を述べた最後に次のようにつけたした。

「政策論や理くつをこねたい者は春秋会に来て頂きたい。芸能を楽しみ、酒を飲もうと思ったらこの白政会に集まりましょう。」

これは些か乱暴な定義ではあるが、一応大野派と河野派の持つ性格の一端を説明しているといえよう。

後章で説明するように、春秋会＝河野派というところは論争好き、喧嘩好き、そして策士と闘士とに溢れている。それが河野派の強みであると同時に、殺風景な内輪もめや分派活動の起り易い原因にもなっている。

それに対し、この白政会＝大野派という所は恐らく保守党内の派閥としては最も団結の固いグループであり、大野派の会合ほどなごやかな雰囲気で終始するところはないといえよう。

三十一年末の総裁争いの前あたりから自民党内各派は争って都心各地にその事務所やアジトを作り、連日作戦会議や情報連絡に血道をあげていた。ところが大野派だけは事務所を持たず、総裁争いも終り、石橋内閣が〝三ケ月天下〟でつぶれ、岸政権が出来上ってから、ようやくこの年の三月になって事務所開きをするという有様だった。

さてこの「白政会」という名の起りは、この総裁争いに臨んだ大野伴睦の態度にあった。すなわち、当時大野は岸、石橋、石井の何れを支持するか否かを明らかにせず、ギリギリまで態度決定を保留した。

岸に対しては、岸―佐藤の兄弟連合軍が政権をとれば、官僚政権となり、官僚政治が復活するという点を恐れていたし、石井とは犬猿の関係にあったし、石橋に対しても、旧改進党の三木武夫、松村謙三という政党経歴も思想も大きく違う実力者がいち早くその傘下に入っているという点でしっくりしないものを感じていた。

そこで大野は、この三者の争いに超然としてキャスチング・ボウトを確保し、次の政権誕生にイニシアチブをとろうという構えをとり、「ワシの心境は富士の白雪のように白紙だよ」とうそぶいていた。この〝白雪〟はやがて「とけて流れて三島（石橋湛山の選挙区）に注い」でしまい、大野派の参加で石橋三ケ月天下が出来たわけだが、この時の大野の言葉「富士の白雪……」が一時政界の流行語となった。酒落気のある伴睦老は、自派の事務所開きにのぞみ、この〝白〟をとって〝白政会〟という名をつけたわけである。

## 白政会の解散

この「白政会」事務所では、それから暫くの間、毎週木曜日に大野派の定例会合が開かれていたが、その後岸首相が「派閥解消運動」を起し、副総裁の大野に協力を求めるや、大野はあっさりと、各派閥に先んじて「白政会」を解消し、事務所の看板を外してしまった。もちろん、看板を外したからといって、大野派という「派閥」がなくなったわけではなく、その後も大野派はますます結束の固い派閥として大きく固まって来ている。大野が何故この時簡単に白政会の解散をしてしまったかというと、①副総裁という地位にあり、総裁を補佐する立場にある以上、総裁の唱導し始めた派閥解消運動を少くとも名目的には真先に実践しなければならないし、しかも従来大野派は派閥の典型のようにいわれて来ているだけに、なおさらそうである。②しかし実際には大野派の団結は強く、看板を下し、事務所を閉鎖したくらいでバラバラになる気づかいはまったくない。③さらに大野派の団結は、子分たちの政策論議や思想統一によって維持されているのではなく、親分伴睦の人柄によってかたまり、その統制力はきわめて強大である……などの点が裏面ではチャンと計算されていたようである。

保守党内の派閥は戦後の現象として「派閥と政治資金」の章で書いたように、民間会社からの大口献金を受ける際の課税を免れる便宜的方法として、その派閥を「政治資金規整法」による政治結社として届け出ておくケースが多かった。

ところが大野派の場合、〝白政会〟をもともと政治結社として届け出てなかったから、従ってまたこれを解散するのも別に何の未練がなかった——ということもいえよう。

そのことは、一面で、親分大野伴睦が、「政治結社届出」などという面倒な手段をとらないでも、必要な範囲の政治資金を集め得る政治力を保有していた——というひとつの証拠でもあったろうし、また他面、岸信介などのように、総裁公選などで超多額の資金を集める必要がなかったことの証左でもあった。さらに大野派には、いわゆる自前の代議士が多く、他派に比し、派閥維持のための資金がそれほど必要ないのだという点も黙視出来なかろう。

## 大野派の特性

前に述べたように、白政会の発足——事務所開きが、最近の党内派閥抗争のひとつのヤマであった三十一年末の総裁公選の時期にはるかにおくれたこと、そしてまた白政会の解消——事務所の閉鎖が、どの派閥にも先がけていともあっさりと行われたこと、このこと自体が「大野派」の持つ特性をいろいろな角度から説明しているものといえる。

まず、先にあげた河野一郎の祝辞のひとくだりの説明しているように、大野派は、その内部でほとんどカンカンガクガクの政策論議をしたことがない。これは他面大野派が政策を欠く派閥だと非難される所以であるとともに、逆にいえば、大野派はイデオロギー以外の人的結合が特別に強固だということを物語っているのである。

保守党内が外交・内政・経済等の特定の問題で分裂するほどにもめたときでも、大野派はいつも親分大野伴睦を代表として、一本にまとまって対処している。多少異論があっても、大野の意志が決定すれば、この派閥としての思想統一はその瞬間に完了するのだ。

このような意味で、大野派は事務所を必要とせず、他派の例のように毎週一回定例会合を開かなくても、その足並は乱れないのであろう。

さてここで大野派の持つ特性を一応列挙してみよう。

① 大野派には選挙に強い代議士および自前（ジマエ——すなわち親分から資金の提供を受けないでも自己資金で選挙をまかなえる）の代議士が多い。これが大野派に派閥としての安定性をもたせ、派閥としての戦闘力を強化している。

② 領袖と陣笠間の義理人情——子分の領袖に対する忠誠、親分の陣笠に対する保護となって現われる人間的結びが堅固である。

③ 吉田内閣の後半期、鳩山内閣、岸内閣と特に最近は陽の当る主流派に位置している関係上、この派の代議士は他派に比し、圧倒的に多く、閣僚、政務次官、国会の常任委員長及び党の上級役職等についている。大野は、その派閥内の官職への序列維持にきわめて厳格な考え方をもっており、子分たちへの官職配分には強力な政治力を発揮する。この官職配分に当っての序列維持が、大野派内の秩序を保つ大きな理由となっている。自派への官職獲得にふるう政治力が、子分たちに「頼り甲斐のある人物だ」との印象を与える。この印象が大野派の強い求心力を形成しているのだが、これは一般に政党の領袖たるものの条件のひとつである。

④ 官僚出身が少なく、いわゆる「党人」がこの派には圧倒的に多い。

以上の特性のうち、最大の特色といい得るのは、第四点の党人が圧倒的に多いということ、すなわち官僚出身がきわめて少ないことで、これは大野伴睦自身日頃もっとも誇りとしていることでもある。

**大野の反官僚性**

もともと、大野派が〝党人派〟といわれるまず第一の理由は、親分大野自身の政治経歴が、まったく純粋に政党人的であり、その生涯が絶えず官僚権力に対する闘争の歴史であったということだ。

大野がいわゆる政党人としての生活に足を踏み入れたのはその学生時代に始まっている。大野が明治大学の学生時代は、西園寺内閣が「増師問題」で倒れ、いわゆる「長州閥」の桂内閣が出来、政友会の尾崎行雄、国民党の犬養木堂がクツワを並べて憲政擁護運動を起したころである。大野はこの護憲運動に参加して都下各大学の学生連盟に属し、ついに日比谷の焼打事件に参加、警視庁に捕えられ、市ケ谷の監獄にぶちこまれてしまった。これが彼が私立大学を中退し、政友会の院外団にとびこんでしまう動機となったもので、生い立ちから反官権的な政治生活を運命づけられたわけだ。

次に院外団時代、大隈内閣の加藤外相の対支外交二十一ケ条に反対し、本所緑町の寿座という芝居小屋で反政府煽動演説をやったというのでまたまた二ケ月を喰って赤い着物を着せられている。

大野が院外団生活から抜け出て、東京市の市会議員になったのは北里柴三郎博士のおかげだが、次いで代議士になり、中央政界に出られたのは人も知るように鳩山一郎の物心両面よりする援助のおかげである。

その鳩山一郎が反軍思想で時の政権に圧迫されたため、大野もこれに殉じて、翼賛選挙で非推薦となり落選した。

このとき、大野が鳩山に殉じないで、推選候補となり当選していたら、戦後は公職追放となり、政界に頭角を現わすことも出来なかっただろうから、大野にとって当時の節操は十分に報いられたわけであるが、いずれにせよ、この政治経歴は、大野をどこからみても純粋な党人とのレッテルを貼るに足るものであり、その反官僚主義が生まやさしいものでないことがわかる。

この〝党人根性〟ともいうべきものは、大野の日常坐臥の言動に絶えず現われ出ているものであるから、官僚出身議員や官僚的性格の政治家が自然大野の周囲から遠ざかって行くのも無理あるまい。

今大野派の中から強いて官僚出身議員をあげれば福田篤泰（外務省）、神田博（静岡県庁）くらいのものであり、この二人とも官僚とはいうものの、課長クラスで足を洗っているから、官僚議員ということは出来ない。（この点大野伴睦は、官庁で局長以上に昇進した経歴の議員を官僚議員というと定義しているから、その定義によれば、大野派には一人も官僚議員はいないということになり、大野派の〝党人派〟としての純粋性が保たれていることになるだろう。）

政党が官僚勢力の内部侵蝕から自己を守るためには、こういう本能的な反官僚主義者のグループの存在が必要である。官僚の本性はその非人間的、没主体的、技術的巧緻さの中にあった。彼らが「党人」に比し、「政策通」であるといわれても、その政策が非人間的・没主体的なものである限り、政策技術家であるに過ぎない。政党の主張する政策が、そういう政策技術家の持つ巧緻な技術によって生み出されるようになるとき、政党はもはやその存立の理由の半ばを失っている。党人は必しも「政策通」であることを必要としない。国民の、庶民の、権力的圧迫に対する肌身の抵抗を、反権力的皮膚感覚を、党人自らが全身的にこれを代弁することが官僚政治に対する政党政治の存立を意味づける最も原初的な理由である。政党は、本来官僚政治に抵抗するための庶民のための機関であって、政策製造の技術的機関であることは二次的なものである。

### 「大野親分」誕生の経緯

大野が今日のような政界きっての実力を有するに至った遠因は、やはり何といっても、終戦直後の民主化時代に追放されなかったことである。鳩山が政権を目前にしてGHQの一部の策動でパージされ、ついで当時の日本自由党幹事長河野一郎が追放された時、大野はまだ一介の政務次官であった。

追放された鳩山の内密の推薦で、河野幹事長の後任として指名された日、大野は内務政務次官就任の祝宴の席にいた。この祝宴が、そのまま幹事長内定の披露宴に変ったというささか劇的な一幕は、今日の大野親分誕生を約束する瞬間でもあった。

こうして大野幹事長は、吉田総裁下の自由党を、鳩山一郎の代弁者としての複雑な立場できり廻すことになった。この頃終戦後第一回の選挙で当選して出て来た新人の中に神田博、村上勇、有田二郎など、後に大野派三羽烏といわれるようになった人物がいたが、村上が当時を回想して「私はその頃の大野さんはまだ好きでなかった」と語るように、幹事長就任当初はまだ大野は「腹心」というべきものを持たなかったようだ。村上がはじめて政界に出たころ彼は芦田と親しかったため、一時河野―三木らが芦田と対立したころ、まきぞえを喰って「芦田派」のレッテルを貼られ、攻撃を受けたことがある。

この村上、神田らと大野との間に、今日のような堅固な「親分子分」関係の出来たのは、大野が昭電事件に連座したその政治生活史上最大の失意時代のことである。

大野が昭電事件にひっかかったのは、彼が重政誠之（現在河野派の幹部）から僅か二十万円を受けとったという疑いによるものだが、この背後には、当時の占領軍ＧＨＱの中に「日本政界民主化のためには大野伴睦のような古風なボス政治家を葬るべきだ」とする分子がいて、大野を追放しようとする謀略をめぐらし、最初は公職追放にしようとしたが、戦犯的事実が出て来ないので、当時の検察庁に圧力を加え、彼を昭電事件にひっかけさせた……という事情がかくされていたようである。

幹事長という強大な権力にひきつけられ、大野の周囲に集まっていた代議士たちは、昭電事件で、もはや大野は再起不能とみて、大野の周囲よりたちまちに離れて行った。この大野にとっての受難時代に、大野に対する強い同情を持ち、獄中の大野を慰め、励ましたのが、神田博、村上勇であるのだから、大野が鳩山政権下、陽の出の勢力を持ったとき、この二人をいち早く閣僚の座に送ったのは当然のことといえよう。このような人情をめぐる親分・子分の結びつきが、大野派の結束の堅固さのひとつの大きな要素である。

**大野派の譜代組**

昭電事件というフルイにかけられ、事件以前に引き続き今日まで大野派として残っている人々が、大野の譜代・旗本というべきグループで、そのうち現代議士の名前をあげると、前記神田、村上のほか辻寛一、内海安吉、水田三喜男、平野三郎、鹿野彦吉、山口六郎次、近藤鶴代、徳安実蔵といったところだ。これが今日の大野派の中核自衛隊というところだろう。このうち徳安実蔵は東京港区の区会議員時代からの大野の子分である。

昭電事件前後より、広川弘禅は大野と犬猿の仲だった。広川は昭電事件で大野を葬り去る好機とみて、一層当時の反主流派――すなわち反吉田派、いいかえれば鳩山系の追い落しにかかった。

広川は彼が副幹事長時代に、当時幹事長であった故山崎猛が吉田がＧＨＱに嫌われたのを好機として内閣首班の座を狙ったいわゆる「山崎首班事件」の鎮圧に功をたてたというので、吉田ワンマンに一挙に気に入られ、以来「茶坊主」と世間からさんざん叩かれながらも、ワンマンにすり込み続け、一時は隆々たる勢力を誇った。

大野は昭電事件という最悪の条件下にもねばりぬき、ついに無罪の判決が下るや、以前に増した勢力をもりかえしたのだから、その気力とネバリと政治力は、やはり並大抵の人物とは違うところがあったのだろう。これに反し、広川はその後吉田に叛逆、鳩山陣営に走ったものの、以来二度落選し、ついに政界から忘れ去られようとしているから、政治家としての底力は遠く大野には及ばなかったわけだ。

話は横道に外れたが、この〝広川幹事長〟の権力との闘争の過程で、今日の大派閥たる大野派の中核がカッチリと固められて行ったのであった。
昭電事件の次に与えられた大野にとっての試練は、永年の恩人鳩山一郎の政界復帰問題である。

**鳩山との訣別**

それは吉田政権と正面から闘い、吉田を追い落すことによって政権を鳩山の手に奪取しようという、いわゆる放伐方式をとろうとする三木武吉―河野一郎らと、吉田政権の内部にあって、吉田政権の行き詰まりを待ち、平和裏に吉田から鳩山への政権のバトン・タッチを実現しようと考えた大野伴睦、林譲治、益谷秀次らとの間の闘争であった。前者はいわば暴力革命方式、後者は平和革命方式を考えたわけである。鳩山が熟慮、思い悩んだあげく、結局、三木、河野の革命方式をとったため、〝忠臣伴睦〟がついに永年の恩人鳩山一郎と袂別したことは、義理人情に生きる男としての大野の政治生涯にとって一危機であったことは間違いない。

音羽の鳩山邸二階の書斎で、鳩山一郎と対座激論すること一時間、ついに涙ながらに政治行動を二つにすることになり、鳩山邸の門を出たときの伴睦老が、

「大廈の崩れんとする時、万木（伴睦の洒落。また大野の俳号は万木という）もこれを支うるを得ず」

と、古文をもじり、興奮の中にも一流のウィットをまじえた言葉を残して去って行った時の複雑な表情を、当時鳩山邸詰めをしていた筆者は未だに忘れ去ることが出来ない。

がその後の政局は、造船汚職その他で、満身瘡痍となった吉田首相が一向に政権の座を退こうとせず、大野の期待はまったく裏切られた形になった。当時大野は、鳩山と、「もし吉田が総辞職して引退

しなかったら百万円払う。しかし吉田が自発的に引退したら、鳩山さんが百万円出しなさい」とカケを申入れたという裏話もある。

一向に引退せず、なお政権の際に坐り続けようとした吉田に対し、大野は鳩山に「吉田を自発的に引退させる」といった手前もあり、ついに勘忍袋の緒を切った。

吉田居坐りを策し続ける池田勇人、佐藤栄作らと対抗、故緒方竹虎を擁して、総裁の椅子を吉田から緒方の手に奪いとることに成功して先ず吉田政権の外濠を埋め、ついに昭和二十八年十二月七日の朝、緒方—大野—松野（鶴平）の連合軍は東京目黒の首相公邸の首脳会議の席上力ずくで吉田を押し倒し、その内閣を総辞職させ、さしも難攻をきわめた吉田城を陥落させた。

蛇足ながらこの引退は形式的には〝自発的引退〟だが実質的には〝自発的引退〟とは言い得なかったためか、先の鳩山—大野の間の賭金の受授は行われなかったようだった。

### 犬養健の参加

この吉田追い落しの際に、自由党内の総辞職推進連合軍に参加したものから、大野派への参加者が現われた。犬養健がその代表的なもので、堀川恭平も犬養と一緒に大野派に参加した。

元来、犬養と大野とはきわめて悪い仲だった。一時は、民主党総裁にまでなった犬養が、吉田茂に見込まれて、ついに吉田の民自党と合体しようとしたが、その際民主党の犬養一派、いわゆる民主党連立派が集団入党したのに、その統率者であった犬養健一人だけが、入党を棚上げされた。これは、故幣原喜重郎と大野伴睦の反対によるものだった。幣原は、民主党内で芦田均と勢力争いをした際、犬養が芦田均の背後で芦田を煽動していたことを忘れず、この時シッペ返しをしたわけだ。一方大野は、犬養がはじめて政界に出たころ鳩山一郎の世話になっていながら、戦後鳩山が自由党を結党するや、これに弓を引き、進歩党に走った——ということに、鳩山の〝忠臣〟として少なからぬ憤りを感じており、この時も犬養の入党に最も強硬に反対した。

犬養は一人取り残され、しばらくは〝政界の孤児〟となって冷飯を喰っていたが、吉田茂のネバリによって、ついに反対を押しきって入党が実現、やがて吉田のトリタテで法務大臣に起用されたのだが、造船汚職で佐藤栄作と池田勇人を救うため指揮権発動をやらかし再び失脚した。それが吉田内閣の末期になるや、犬養は故緒方竹虎をかつぎ、吉田退陣の先頭に立ったことから、永年の犬猿の仲を清算し、大野と手を結び緒方の死去後は大野陣営に参ずるに至ったわけだ。

大野伴睦は、その竹を割ったような性格から、一度私怨が氷解すれば、過去の一切の怨恨をさらりと忘れ、その日からでも水魚の仲になるということの出来る男だ。この犬養の場合もそうだし、三木武吉、河野一郎との間にしてもそうだった。

それにしても、犬養の政界での閲歴はめまぐるしいものがある。昭和三十二年の岸内閣の大改造の際、大野は、大野派からの閣僚として最初に犬養健、内海安吉の入閣を要求した。この時犬養の入閣に最も強硬に反対したのが佐藤栄作であった。この時の佐藤の反対理由は、「犬養は指揮権発動で一般国民の評判が悪く、犬養を入閣させると岸内閣の人気を落すことになる」というのだった。これに対し、大野は「佐藤こそ犬養の指揮権発動によって、その政治生命を救われたのではないか。その意味で犬養は佐藤にとっての恩人であるのに、佐藤は今、逆に犬養の入閣妨害をするのは怪しからん」と憤慨したものだ。

かつては大野の反対で民自党入党を阻まれ、吉田の恩顧で大臣になった犬養が、今やその吉田直系の子分であった佐藤に入閣を妨害され、大野がこれに怒る――というのだから政界での人間関係は長い眼で見ないとわからないものである。

因みに犬養をとり残し、犬養の傘下の者として当時民主党から民自党に入党した連立派議員はその後犬養の影響下を離れてバラバラになり、そのうち現在議席を持っている者では、保利茂、久野忠治が佐藤派に走り、小坂善太郎、奥村又十郎、逢沢寛は池田派に、田中伊三次、中垣国男は石井派に、寺島隆太郎は川島正次郎、正力松太郎の子分となってどちらかといえば岸派に属しており、堀川恭平だけが犬養と共に大野派に流れ込んでいる。

### 大野派の発展

これまでの間、大野は吉田内閣の国務大臣より衆議院議長を経て、吉田政権の末期には池田幹事長と並び総務会長の椅子についていた。吉田引退に続いて、宿敵三木武吉との握手、三木との提携による保守合同の主導権掌握、合同後の自民党総裁代行委員に鳩山一郎、緒方竹虎、三木武吉と並んでの就任、そして緒方竹虎の死去は保守党内における大野伴睦のウェイトをぐっと重くした。

緒方竹虎の死去の後、一応緒方派といわれるグループは、緒方派の代貸格だった石井光次郎の元に統一され、〝石井派〟が誕生、ここに旧自由党は大野派、緒方派、吉田派と大きく三分されることになった。

この後鳩山総裁の実現により、代行委員を解かれ、石橋内閣の崩壊の後ようやく副総裁に就任するまでの間、党長老ではありながら椅子のない時代が続いたが、副総裁就任後はついに大保守党＝自民党の主流に、河野一郎と手を握って、巨大な勢力を築きあげ、昭和三十三年五月の総選挙で新当選者を加え、その〝子分〟の数は衆議院だけで四十名を越すこととなった。

**大野派の顔ぶれ**

ここで先に記した昭電事件以来の郎党のほか、この間大野派に参加した議員の顔ぶれをみよう。

まず青木正（現国務大臣）は元来増田甲子七と近く、増田が広川と対立して不遇になり、大野と接近したころ、青木も大野傘下に入り、以来大野派から籍を動かしたことがない。保守合同後緒方代行委員の秘書役のようなことをしていたこともあるが、これは大野が緒方側近に入れたお目付け役のようなものなのであった。

第二次鳩山内閣に防衛庁長官として入閣した船田中も、そのころから大野派に入籍した。船田は大野の子分というより、客分というべきかも知れない。というのは船田がはじめて代議士に当選したのは昭和五年であり、また彼は鳩山が内閣書記官長のときに内閣法制局長官をやっていたから、政界でのスベリ出しはむしろ大野より早かった。戦時中より前田米蔵の系統に属し、戦後は黒沢酉蔵らと協同党を作り、いささか保守の左がかった線を歩いていたこともある。自由党内でも中間派的な立場に立っていたため大野との結合の時期はぐっとおくれた。最近でも船田の行動半径はきわめて広く、また岸信介、藤山愛一郎らと財界での接触があり、実弟の藤枝泉介が岸直系に属している関係からも、しばしば岸陣営と直接交渉する傾向があり、いわば大野陣営の譜代・旗本ではなく、外様大名といった格好である。

（蛇足ながら、大野、船田らと一緒に昭和五年に代議士に当選した者で、〝昭五会〟という会を作っており、そのメンバーは大野、船田のほか、林譲治、加藤鐐五郎、小林錡などで、小林を除いて全部大臣、議長などの金的を射ている。）

大野派の傍系としては倉石忠雄の立場も特異である。倉石も大野と同様院外団上りだが、倉石が大野に接近したのは、倉石が石田博英などと組んで旧自由党内に民主化同盟を作り、反吉田の叛乱部隊を組織した頃だ。従って大野派としての籍は浅いが、鳩山政権下ではまっ先に村上などと一緒に入閣した。

異色ある傍系には綱島正興、中山マサもいる。綱島は青年時代労働運動に熱中した経験もあり、元来農民党から民主党へ、そして幣原喜重郎と共に自由党に参加した。中山もまた元民主党の幣原派である。この二人は保守合同の前後より大野派にかたまった。

保守合同前後よりの大野派への参加者は、外に中井一夫、原健三郎らがあり、大島秀一、中村幸八、八木一郎、田村元なども大野派としては新しいところ。さらに昭和三十三年の総選挙で初当選した議員中からは斎藤邦吉、高石幸三郎、山村庄之助、鴨田宗一らが新たに参加したし、返り咲き組からは押谷富三、原田憲が大野派に加わった。この総選挙を通じて、石井光次郎に半ば見限りをつけた荒船清十郎が、石井派から大野派に片足突込んで来たことも特徴的で、石井・大野両者間が犬猿の仲であることを思えば、こうした転籍、移籍組の立場は複雑である。

これも異色組だが川野芳満は、国協党で三木武夫などと一緒だったが、一人自由党に移籍し、娘の仲人を大野にして貰った関係から以来大野派に属している。

大野伴睦は保守党内にこうして強力な陣容を整え、強い派閥結合を組立てて来たが、彼には手堅い味方があるかわりに、敵もまた少くない。彼に悪意を持つ人たちは、大野伴睦は典型的な古いタイプの保守党ボスだという。

**左翼転向組**

不思議なことは、この保守の典型のような政治家の下に、左翼からの転向者が意外に多いことだ。

水田三喜男、宇都宮徳馬は、水戸高校＝京都大学時代の共産主義グループであり、平野三郎もまた左翼で投獄されたという過去を持っている。前記の綱島正興も青年時代には炭坑労働組合のリーダーだったこともある。

こうした人たちは、たとえ左翼から自由主義に思想的には転向しても、青年時代に圧力を受けた官僚権力に対する根強い反感を持っている。これは保守党の中堅政治家となっても、抜き難い反官僚精神として残っているものだ。特に宇都宮徳馬は、保守党内で尖鋭な官僚主義に対する批判者で現に政策、思想的にも保守党内の最左翼に属する進歩派だが、これらの人たちは、岸信介、佐藤栄作といったような官僚出身政治家とは性格的にどうしても相容れないものがあり、党人の典型としての大野伴睦に強い親近感を感じるに至るようだ。

一方大野の方も、〝党人〟の特性として、広い包容力を持ち、宇都宮、水田、平野、綱島といった保守政治家中の変り種を大きくかかえ込み得る力があるのだろう。

この点岸派、佐藤派がそれぞれ商工、運輸官僚系で固まり、池田勇人のまわりには大蔵官僚が多く、警察出身の石井光次郎の周囲には内務官僚出身議員が圧倒的に多く集まり、それぞれの陣容の内部でのバラエティに乏しいのにくらべ、大野派の顔ぶれはまことに多彩なものがある。

資金源からみても、池田が金融資本に依存、岸、佐藤が大産業資本をバックにしているのに比し、大野は観光業や建設業など多彩な中級企業に広範に政治資金を仰いでいる。

他面大野の支持層をみると、一部からは政界への圧力団体として非難もされているが、遺族団体、引揚者団体や消防団などの大衆団体をバックに持ち（遺族及び引揚者の団体の会長をしていたことがあり、現に日本消防協会の会長である）、ときにはパチンコ組合の会長までするほど、その政治活動がきわめて庶民的色彩を強くしている。

三鷹事件の死刑囚竹内景助から獄中より助命嘆願書簡を受けると、その人情涙もろい性格から、竹内の家族に金一封を送ったり、中共行旅券交付陳情で共産党の野坂参三の訪問を受ければ、この反共派の〝ボス政治家〟が、「宜しい」と直ちに外務省に交付方を勧告してやる――といった具合に、イデオロギーを超えた人間行動を実践する。このあたりも官僚政治家には出来ない芸当であろうし、それ故に旧共産党の転向者らが続々大野陣営に入ってくるわけでもあろう。

## 離反者

大野派の特色は、何度も書いて来たように、伴睦を中心とするその結束力であった。しかし結束を誇るこの派の歴史にもやはり例外はある。その代表的な例は、塚田十一郎の離反である。

塚田はもと外語学校の教師、それも生徒監という職務にあった。地味な堅実な、どこかせん細な人柄は、恐らく今も当時のままであろう。この外語の教師の時代、ふとしたことから鹿島組の社長鹿島守之助に見出された。ふとしたチャンスというのは、鹿島が社用によるある文章の翻訳を依頼したことで、その時の接触で、鹿島は塚田のその律気な性格が気に入ったらしい。やがて鹿島は塚田を配下に引き抜いた。学校教師から土建会社の社員へというこの偶然な人生航路の転換こそ塚田がその後ついに台閣に列する出世街道への、運命的な岐路であった。

やがて塚田は鹿島組の重役になり、一方計理士として大会社の税務相談を始め、鹿島守之助の資金的援助で代議士にうって出て、今日までに当選七回、郵政大臣兼自治庁長官、党政調会長まで出世した。塚田が大野と結んだ機縁は、吉田内閣で郵政大臣に入閣したことからだ。

昭和二十八年五月、第六次吉田内閣の組閣の際、吉田は塚田十一郎と灘尾弘吉のいずれを入閣させるか――について参考意見を党長老大野伴睦に求めたことがあった。その時大野は、この二人の人柄を知悉していたわけではないが、前記のような特異な経歴の塚田にくらべ、灘尾は典型的な内務官僚の出身であることをみて、その持前の官僚嫌いから灘尾の入閣に強く反対、塚田の起用を進言した。官僚好みの吉田がこの進言を入れたことは、珍しい出来ごとではあった。

以来塚田は大野陣営に参加し、保守合同に臨んでは、大野に従って緒方竹虎をかついだ。ところが、間もなく、大野側近の幕僚の間にあって塚田は、大野派三羽烏の神田博と感情的に対立した。いわばこれは譜代と外様の対立であった。大野は譜代、直参の神田の方を愛した。直情径行の大野は、神田の面前で、塚田を叱りつけるというようなことが重なった。

緒方の死去、大野の三木、河野との提携、この二つの事件を機に、塚田は神田との闘争を直接の動機として、大野派から離反、大野とは犬猿の仲の石井光次郎の幕下に走った。大野がこの〝裏切り〟に激怒したのは無理ないことだった。

計理士の塚田は、政界での派閥再編の動きを計算することも速かった。緒方が死んで、旧自由党の緒方系約四十名の去就がまだ定まらなかったときに、それまでは緒方幕下の一参謀に過ぎなかった石井光次郎のかつぎ出しに眼をつけた。安値の石井株を買いあおり、この株価をやがて大保守党の総裁候補にまで昂騰させたのは、確かに一部は彼の手腕によるものがあった。

話を本筋に戻すが、塚田が大野派を離脱した表面の理由は、大野の三木、河野との握手に対する批判である。河野の政治謀略家的なやりくち及びその容共的外交政策にがまんがならない——というのである。

がその背後には別なもうひとつの心理が働いていたことは間違いない。それは、彼の選挙区での田中彰治との対立——そして田中が河野一郎の子分であるという、彼にとって原初的に重大な一事である。仇敵田中の親分河野と手を結ぶ大野親分の下にはいられないという心理である。

もちろん、こうした具体的な事実とともに、豪放な大野と、どちらかというとデリケートな神経の塚田とは性格的にも水と油とであった。しかし保守党内での派閥間の転向者の動機として、この塚田の大野派からの離反は、典型的なものであろう。

塚田ほど典型的な例ではないが、永山忠則も大野派からの離反者の一人である。その転向先は〝新興派閥〟賀屋興宣一家である。もとより新興派閥は、既成派閥からの引き抜きによって形成されるものだから、こうした離反者が出るのは止むを得まい。

# 第四章　実力者の誕生（河野派）

## 「実力者」と「長老」

実力者という言葉が、政界でひんぱんに使われるようになったのは、昭和三十年の保守合同前後のことである。それまでは、保守党内の有力者のことは「長老」と呼ばれて来た。「長老」とは、党機関の中枢部の役職、政府内閣の枢要ポストにはいなくとも、党内で重きをなす人間に対していわれて来た。党役員乃至枢要閣僚であるならば、××総務会長、○○副総理らと呼び、その会合は政府与党首脳部会議などと呼べばいいわけだが、党内派閥の領袖、または領袖に準ずる大物たちで、右のような役職にない人物の会合は長老会談とでも呼ばねばならなかった。

保守大合同以後の保守党内のひとつの特徴は、小政党程度の規模の議員数とまとまりをもった派閥が十指を屈する程に発生し、その領袖たちの力が比較的平衡して来たことだ。しかもその派閥の領袖は年齢的にも若がえって来ている。現に有力派閥の領袖は皆六十代、五十代である。六十八歳の石井光次郎、六十七歳の大野伴睦は年長の方で、岸信介は六十をちょっと過ぎただけ、五十を越したばかりの三木武夫をはじめ、池田勇人、佐藤栄作、河野一郎らは五十代、準領袖格の石田博英に至っては四十代であるから、これらの人々をもはや「長老」などということはできない。にもかかわらず、これらの人々は、かつての長老連よりもさらに有力である。といって「ボス連」とか「親分衆」とか呼ぶのはいささか品がない。そこでいつとはなしに「実力者」という名称で呼びならわされて来た。政界での戦前派から戦後派への主導権の移行という現象に即して生れた言葉なのである。と同時に、この言葉の誕生した雰囲気には、政界での下剋上的現象も多分に手伝っている。

**下剋上の時代**

たとえば、今や三木派の中に芦田均や松村謙三が含まれて分類されたり、池田派の中に元衆議院議長の林譲治や益谷秀次が配列されたり、河野派の中に平塚常次郎や植原悦二郎が籍を置いていたりするのである。平塚は河野が副社長をしていた日魯漁業の社長であり、植原は今は落選こそしているが、当選十三回で鳩山、星島に次ぐ政界の「長老」である。

かつて故砂田重政が河野派の一員に数えられていたことがあったが、砂田は河野が農相秘書官をしていたときの農林参与官で、河野が陣笠時代には政友会の幹事長をつとめていたし、もしながらえて三十三年の総選挙に出ていれば当選十一回の古豪であるから、河野の「子分」呼ばわりされることを嫌い、相当無理をし、私財をなげうってまで子分を作り、晩年には「砂田派」なる一派を作った。

**金力・暴力まで**

話を戻すが、河野が実力者中の実力者と呼ばれる所以は、河野一郎という政治家の特性が「力」の政治家であるという点だ。この「力」とは何の力でもよい、智力、気力、精力はもとより、金力から暴力に至るまでを含んでいるのだ。

はるか戦前のこと、政友会で鳩山一郎と中島知久平が総裁争いをしたとき、鳩山配下の河野は横浜の沖仲仕をひきいて、中島派の立てこもる政友会本部になぐりこみをかけたという。終戦直後ならした暴力団関根組の親分と盃をかわした話や清水次郎長の末裔の親分とも兄弟分同様であるという話を筆者自らも河野から聞かされたことがある。吉田政権の末期鳩山派が自由党を分党したとき、海原清平一派の院外団が不穏な言動をみせているとの情報が、音羽の鳩山邸に入ったことがある。筆者は当時鳩山邸の張り込みを命ぜられていたが、鳩山邸の応接間で、河野が薫子夫人に「アッシが電話一本かければ横浜の沖仲仕が何百人でも押しかけてくる、院外団などがいくらいても、党本部を乗取るくらいわけありませんや……」と広沢虎造ばりのバスで語るのを、夫人と一緒に聞いて、何となく頼もしく?感じたことを覚えている。中島派になぐりこみをかけたという話も、筆者は見たわけではないが、やはり事実だったのだろう。

金力にかけても、河野の実力は、もはや誰も知らぬ人はない。しかも彼の資金源には死んだ辻嘉六や児玉誉士夫など右翼ボスもあり、奇々怪々である。

終戦直後、鳩山が日本自由党を創立した際、わずか四十五歳だった河野一郎が、芦田均その他の有力候補をおしのけて鳩山総裁から幹事長に指名されたのは、戦前からの鳩山との関係もあったろうが、彼の資金動員力が大きくモノをいっていたのである。このときの資金源が主として辻嘉六、児玉誉士夫であった。

その精力に関しては、現在もなお艶話の実践家のようだし、気力のはげしさは接するものが誰でも感ずるところである。

政策上の問題でも、どれほどの学識があるかは知らないが官僚出の俊秀を相手に廻して国会審議でも閣議でも、党首脳会議でも、常に論陣をはってゆずらない。外交問題でも外務省をないがしろにしてソ連のような大国相手に折衝する。思想的にも、その周囲の右翼的な臭いの強さにもかかわらず、案外進歩的なところがある。

**河野派の発生**

ところで「河野派」という派閥が発生し、河野という領袖、すなわち「河野親分」が誕生したのはいつか。

河野は元来人の上にあって、多くの人をとりまとめて行くというタイプの人間ではなかった。彼は政界での喧嘩男であった。江戸時代に生きていたら旗本奴か町奴になっていただろうような男であった。

追放解除後、「三木・河野系」というグループが、鳩山派の中のひとつの特異なグループとなりはじめて来た頃も、河野の子分らしいものは、神奈川の安藤覚(落選中)と山村新治郎くらいのものに過ぎず、これは独立した派閥と呼ばれ得るものではなかった。その頃はまだ鳩山派の侍大将の一人でしかなかった。

「河野派」という名の派閥が生れたのは保守大合同後、三木武吉が世を去ってからのことである。三木武吉が亡くなったとき、筆者は三木の魅力で集めていたその一派を、果して河野が大きくとりまとめて行けるかどうかと疑念に思ったことがある。しかしその後、河野は隆々として子分の頭数をふやし、ついに四十名に及ぶ大派閥の親分になった。

もとより右にのべたような喧嘩男の配下になる子分たちは、同様保守党内の喧嘩好きが多い。類は友を呼ぶのである。喧嘩好きの子分が、その親分と喧嘩をおっ始めたとしても不思議はない。鼻っ柱の強い池田正之輔、山村新治郎などがその例で、今もなお河野としっくり行かず、河野派を脱して、一時故砂田重政の周囲にいたが、砂田の歿後は岸派の外様格に納まっている。

そもそも河野派の発祥は、吉田政権下鳩山分党派自由党が、吉田自由党に復帰したとき、分自党に残留し、やがて「日本自由党」を結成したいわゆる「八人の侍」なる小派閥にある。当時の八人から三木、河野を除いた六人のうち松永東、松田竹千代、中村梅吉、池田正之輔の四人は、もともと三木直系で、安藤、山村の二人だけが河野系だったのが、安藤は落選、山村は河野を離れてしまったから、その意味で、今日の河野の子分はすべて保守合同後に出来たものとみなければならない。

ざっと今日の河野派を分類すると、

**多彩な構成要素**

① 石橋派から流れ込んで来た松田鉄蔵、中川俊思ら
② 元広川派の根本竜太郎、田中彰治、浜地文平、高橋英吉ら
③ 旧改進党、北村派の北村徳太郎、中曾根康弘、桜内義雄、園田直、稲葉修ら
④ 鳩山直系組の山本正一（元河野派で一時河野と衝突、岸に接近、再び河野派に復帰し、最近鎌倉市長立候補のため代議士辞任）、亘四郎（一時石橋派に属す）、上林山栄吉、山口好一
⑤ 平塚常次郎、高碕達之助ら財界長老

⑥　その他、駐英大使より政界に転じた松本俊一、大麻派から来た大森玉木、元東方会の三田村武夫、旧自由党中間派で「山崎首班事件」の首謀者であった山口喜久一郎、昭電事件で有名になった元農林次官重政誠之

⑦　三十三年初当選の新人、蔵内修治（元河野農相秘書官）、倉成正、八木徹雄、天野光晴

といったぐあいに、複雑多彩な色分けをもって構成されている。

この派閥の構成要素の多元的性格は、他の派閥に類をみない。ただ共通している特徴は、この派のほとんどが、政界での喧嘩男として定評があり、一言居士で、良く言えば、行動力のある理論派であることだ。このような異分子の集団がよく統一されていると人は不思議に思うだろう。

彼を支持する財界のグループも、北海道炭鉱の萩原吉太郎、大映の永田雅一などの異色があり、大財閥にタテつく彼は、その資金源を、水産、畜産、肥料、砂糖などの業界に求めている。

## 鳩山との出会い

話をさかのぼらせ、別な角度から、河野一郎という領袖の誕生した由来をみてみよう。

河野がはじめて鳩山一郎と接触したのは、戦前の政党政治が自壊しようとする末期、政友会が鈴木喜三郎総裁の病気による後継総裁争いを、鳩山一郎、中島知久平の二派に対立して演じた頃のことである。その頃河野は友人深沢豊太郎（代議士・故人）に連れられて鳩山邸を訪問した。この訪問で直ちに鳩山株を買い、その帰途鳩山擁立軍の前線部隊に身を投じる計画を深沢と二人でめぐら

したというのだから、当時から即戦即決の行動派だったわけだ。

その頃すでに鳩山の周囲には大野伴睦、林譲治らの側近組、犬養健、船田中、太田正孝らのインテリ・グループがあった（益谷秀次は中島派に属していた。犬養、船田、太田らは間もなく鳩山から離反した）。その点では河野の鳩山派入りは一歩おくれたものである。

河野の実力（金力）主義は、その時にもあらわれた。中島知久平の金力に対抗するためには、こちらも金力をもたねばならぬと考え、久原房之助を立て、鳩山の総裁立候補を辞退させたことだ。この時久原派の津雲国利が河野と同盟した。大野、林などの鳩山直系は、こうした河野の行動に反目した。河野の実力（金力）主義は明かに失敗した。久原が河野の期待とは逆に軍に政党を売渡す役割を果してしまったからである。

これから終戦直前、彼は軽井沢で何度か鳩山と会い戦後の新党工作につき相談しているが、四十五歳の若さで日本自由党の幹事長に抜擢されたのは、先にも書いたように、資金造りの力を買われたことが大きな原因となっている。

**三木武吉との同盟**

次に三木武吉との同盟は戦後のことである。河野が幹事長に抜擢された裏にも、三木の支持があった。自由党員でいながら幣原内閣の厚相として入閣していた芦田均と河野とは深刻に対立していたが、三木武吉もまた芦田とそりが合わず、そこで河野の肩を持ったのが契機である。

幹事長にはなったものの、河野は間もなく追放され、おまけに偽証罪や、追放令違反で投獄された。行動欲のかたまりのような彼が、公職を追放されたり、監獄へぶちこまれたりしたら、さぞかし苦痛であったろうことは察せられる。そのためか、解除になるや、放たれた奔馬のように、吉田政権打倒に向って走り出した。その走り方の周囲の迷惑をもかまわない乱暴さのために、次々に敵を作った。鳩山派の幹部達は河野が憎いために、しかも鳩山が彼を信頼して離さなかったが故に、鳩山陣営の戦列から離れた。大野伴睦もそうだったし、大久保留次郎もそうだったし、その例をあげればきりがない。鳩山政権を作ったのも河野だったが、別な見方からすれば、鳩山勢力をせっせと減らしたのも河野だったかも知れない。少くとも当時鳩山に「あなたが河野を偏重するから、鳩山陣営から続々と人が去るのだ……」と忠告した人の数は少くなかった。筆者もその頃こうした意見に対する見解を鳩山にただしたことがあったが、これに対し鳩山は言下に「俺を離れて吉田に走る口実に、河野の悪口をいっているのだ」と答え、河野を弁護していた。

### 闘争の跡

その鳩山までが河野をおいて、吉田自由党に復帰してしまったときには、河野はもう芽を出さぬかと思われた。その頃から彼は、同じ反吉田陣営の闘将であった石橋湛山、石田博英とも仲違いし始めている。一時は河野、石田の二人は兄弟のような固い同盟を結んでいたのだが、この分裂には金銭上の理由もあったようだ。

鳩山は吉田の自由党に復帰したものの、結局吉田が平和裏に政権のバトンを渡さないことがわかった。しかし当時の自由、改進両党内には、石橋湛山、芦田均、金光庸夫、岸信介らと緒方竹虎を結ぶ新党運動のラインがあり、このラインによる保守合同が成功すれば、再び河野の躍り出る舞台はなくなる。特に芦田は年来の宿敵吉田首相を、箱根の静養先まで訪ねて行って和を講じようとしたが、これは吉田―緒方のバトン・タッチによる保守合同を成功させた方が、鳩山、三木、河野ラインと重光、松村、大麻などの連合による反吉田新党の傘下に入るよりははるかによいと考えたからだ。が結果は、芦田の思惑ははずれ、緒方―芦田ラインの新党構想はつぶれ、三木―河野と岸の握手による民主党の結成に政局は展開した。河野はこの政局転換のキイポイントを摑みとることによって再び立ち上った。

終戦直後の日本自由党での勢力争いに始まった芦田・河野の対立は、この時に勝敗が決したといってよいだろう。その後今日に及び、河野は四十名の派閥の領袖となり、芦田は孤影悄然と反主流派の片隅で、今や三木派の一員としてしかみなされなくなろうとしている。

これに続く河野の跳躍点は、三木武吉、大野伴睦の劇的な握手を土台とする保守大合同でまたも政権の主導権をつかみとったことである。

## 大野との結合

三木と大野の結合は、奇跡的なほどに強固なものであったが、まだ大野と河野との同盟は本当にかたまったものとはいえなかった。その証拠には、三木老が死んだ後の三十一年末の総裁公選では、河野と大野とは袂を分ち、河野は岸支持へ、大野は石橋支持へと離れて行った。

河野と大野との今日の同盟は、石橋政権下で、河野が石橋に裏切られた大野に近づき、石橋政権の倒壊につきひそかに話合ったときに出来上った。政友会時代以来不仲だったこの二人が、ついにこの時血盟を結ぶに至り今日に及んでいるのである。

＊　＊　＊

河野は保守党における将来の宰相候補の有力な一人である。

その対抗候補は佐藤栄作、池田勇人、三木武夫の三人である。

次の自民党の総裁公選は、三十四年二月だが、すでに石井光次郎が「風の吹き廻し方によっては立候補する」ことを言明している。一部には池田勇人の立候補説もある。反主流派としては、三十三年六月の第二次岸内閣組閣の際にしめ出された報復示威として、岸総裁に対する対抗候補を立て、勝つ見込みはなくとも党内をがたつかせようとの狙いも立てているようである。この総裁公選では、河野は岸に対抗するような愚はおかすまい。河野のハラは、もう一度岸を擁立し、その次あたりを狙っているようだ。もしかりに岸が大疑獄などのような不測の事態で退陣することがあれば、彼は副総裁の大野伴睦を擁立するだろう。しかしいずれにせよ、三十六年春に予定される総裁公選の頃には、そろそろ河野は政権を夢みるようになるかも知れない。その時の対抗候補は、三木、池田、佐藤という面々。実力者同士の「力」の争いが展開され、また新しい規模での合従連衡が策されて、政界の派閥地図も塗り替えられることになりそうだ。

**政界の賭博師**

河野は競馬マニヤである。政変の最中であっても、彼は毎日曜日のように、競馬場に行って馬券を買う。競馬が一種のバクチであるのと同様に、保守政界での政争も多分にバクチ的である。そして競馬狂の彼は、政界での賭博師である。

彼の過去の政治行動は、もとより永い政党政治家としての経験から割り出された算盤勘定にもよるだろうが、その闘争的行動性は、計算の終る前に、彼を行動の舞台に駆り出してしまう。だから彼の政治行動は常に危険な断崖を行くようなものだった。だが大成した政党政治家は、いつも危険な断崖を歩いて来ている。もっとも危険な断崖を歩いてさえいれば、政治家は大成する——とはいえないが。

彼の子分たちの中には、彼の政治行動の危険な賭博性に愛想をつかして、彼の周囲から去って行く者もあった。同様に、党内の他の領袖たちは、ギャンブラーとしての彼のアクの強さを警戒して、彼との同盟を嫌った。しかし今日までの彼に、その賭博的性格がなかったならば、今日の彼の強力な地歩は築かれなかっただろう。さりとて、今後の彼にとって、従来の荒々しい行き方が、成功を約束するとはいえない。そろそろ彼も危険な投機をやめ、確実な利殖をえらび始めるのではあるまいか。

# 第五章　中間派の宿命（石井派）

**石井派の芽生え**

昭和三十一年一月二十八日、自民党総裁代行委員緒方竹虎が心臓病のため急逝した。その夜、突然の訃報に接し、東京五反田の緒方私邸にかけつけた石井光次郎は、緒方の枕頭に声をあげて泣き伏した。石井は、緒方が編集局長だったその同じ朝日新聞の営業局長をしていた時以来の緒方の盟友だった。

石井の歎き悲しむ姿は盟友を悼む真情に溢れていた。その夜悲嘆に沈む石井の姿を見た緒方派の面々は、心秘かに石井を緒方の後継者として考えていた。

「石井派」という新しい派閥が芽生えたのは、この夜、このような雰囲気の中でであった。

＊　＊　＊

緒方の亡くなった頃、保守合同をしたとはいえ、自民党内はまだはっきりと、旧民主党、旧自由党とに色分けられていた。その中で、旧自由党系は大野派、緒方派、吉田派、中間派の四派に分れていた。このうち大野派は、大野・三木会談を契機に急速に民主党系と接近していたが、吉田派は反鳩山感情が強く、この間にあって緒方派は総裁公選論を主張しつつ「緒方総裁」の実現を期し、他方中間派は大野、緒方、池田、佐藤へとそれぞれ去就をきめようとしていた。また吉田派の気持としては、鳩山には絶対反対だが、大野派と手を組んで、吉田首相退陣に圧力をかけた緒方竹虎及びその一派を深く憎んでいた。

こんな事情におかれていただけに、緒方の死は緒方派にとって打撃だった。それは鳩山を戴く旧民主党系にとっては凱歌だった。

緒方の訃報を聞くや、大野伴睦は総裁は鳩山に決すべき旨を直ちに言明した。大野—三木—河野ラインによる鳩山陣営の強化は、もはや既定の事実だった。

保守合同まで旧自由党は、緒方、大野、林、益谷、石井、松野、池田、佐藤の八首脳によって運営されて来た。このうち大野は鳩山陣営へ、林、益谷は池田と接近、佐藤は「鳩山と共に天を戴かず」との頑固な主張から、吉田茂とともに保守合同に参加せず、無所属に居坐り、子分橋本登美三郎一人がこれに殉じていた。

こうした勢力分布下で、それまでは本命の派閥と思われていながらリーダーを失った緒方派としては、吉田派に合流するか、大野派と共に鳩山支持に向うか……のいずれかを選ばないならば、自派の中から指導者を見つけるより他はなかった。

緒方の死後、「石井派」という言葉を新聞記者たちの前で最初に使ったのは塚田十一郎であった。

塚田はまだその時大野派に籍を置いていた。しかし大野派内部での神田博との対立が極点に達し、大野伴睦の不興を受けることも二度三度と重なっていた。あるいは明智光秀が織田信長に恨みを持ったときのような気持になっていたのかも知れない。いずれにせよ、彼は親分大野に叛逆し、「石井株」というまだ政界株式市場に正式には上場されていなかった先物を買ったのだった。

**安直な遺産相続**

石井は自分を領袖としてかつごうとする緒方派内の空気を見てとるや、直ちに「石井派」を成立たせる準備に着手した。もっとも、石井派を作るといっても、緒方の遺産をそっくり相続すればよいのだから、何も面倒なことはなかった。その点、領袖としての石井は、緒方派の二代目に過ぎなかった。

大野伴睦も、河野一郎も、三木武夫も、岸信介も、それぞれ二人、三人の手兵しかない小親分の立場から、自力で今日の大派閥を作りあげて来た一代の成功者である。今日の彼らの所有する派閥は、彼らの辛苦に満ちた政治的労働と莫大な政治資金投資の所産である。二代目の相続人としての石井光次郎は労せずして、一派の所有者となった。これが、この領袖の、一般の目に移る何とはない頼りなさの原因である。

石井を擁立した幕僚は、右の塚田のほか、馬場元治、田中伊三次、菅家喜六、灘尾弘吉、故高橋円三郎といったところである。塚田のほか、何れも緒方の幕僚であった。また議席をもたないブレインとして、進藤慎太郎や津雲国利も有力な助言者である。

この派の人たちは、自分が「石井派」の子分といわれることを、当初極度にいやがった。灘尾のような石井一辺倒の人物までが「俺は今も緒方派であって、石井の私兵ではない」というようなことを口走っていた。篠田弘作なども「俺は緒方には恩義があるが、石井には何の義理もない」と断言していた。そうした雰囲気には、二代目相続人としての石井の弱味がひしひしと感じられるものがあった。

石井がようやくその派閥を、自分自身のものとし得たのは、三十一年末の総裁公選に立候補して、私財を投げ売ってまで金をつくり、岸、石橋両候補よりは少なかったが、一億円近くの軍資金を撒布してからのことである。

人の将たるものは、自ら戦いを経なければ強力になり得ないものである。

### 内務官僚と党人派の系列

今日の石井派の陣容を一望してみよう。

まずその特色は、内務官僚出身が多いことである。これは石井派の性格を、何となく暗い陰性なものにしている。ざっと並べてみると、灘尾弘吉（内務次官）、相川勝六（広島、宮崎県官選知事、厚相）、町村金五（警視総監）、山崎巖（内務大臣）、大坪保雄（警保局長）といったところで、第一、親分の石井自身が後に朝日新聞に入ったが、ふり出しは警視庁出身の警察官僚上りである。なお今は世を去ったが、大達茂雄（東京都長官）、熊谷憲一（北海道長官）といったパリパリの内務官僚も、緒方の側近に連なっていた。

石井派に内務官僚の多いのは、旧自由党内で吉田派が、大蔵省系、通産省系など、経済官僚を集め、登用したのに反撥して、内務官僚系が集団的に故緒方竹虎の周囲に集まったためだ。

この内務官僚の系列と対照して、党人派の系列が石井派の内部に併在している。三多摩壮士あがりの戦前派津雲国利（落選中）、産婦人科医出身で当選十一回の古豪加藤鐐五郎、早耳早足をもって聞える田中伊三次、弁護士の小林錡、朝日新聞記者出身の篠田弘作といった人々である。

官僚派と党人派のこの二つの系列の併在は、たえず石井派の内部の対立の原因となっている。特に灘尾対田中、菅家の反目は石井の去就を常に不明確なものにしている。

元来石井は決断力に秀いでた人間ではない。事態の切迫したときも、おのれのハラをなかなか見せない慎重派である点は、大野伴睦などとは正反対のタイプである。石井は、石井派内部のこの両派の対峙する間にあってやはりどっちつかずの態度をとっている。彼自身が、警察官僚と在野新聞経営という対照的な過去を持っていることも象徴的である。

## 両派の対立と石井の動揺

この両派の対立の間で、石井氏が去就に迷った典型的な事件は、鳩山内閣時代、鳩山訪ソで党内が混乱した際の、総務会長辞任問題である。昭和三十一年十月二日夜、鳩山内閣は自民党内の対ソ妥結強硬反対派の妨害で、混乱を続けるまま、鳩山首相の訪ソを閣議決定した。党内はこの閣議決定をめぐり、益々険悪な空気が漂った。翌三日早朝、当時総務会長だった石井は、堤康次郎のすすめで、総務会長を辞任しようとした。この朝灘尾も辞職説をとって、石井に決断を望んだ。総務会長を辞任すれば、日ソ交渉に反対する吉田派はじめ党内の反主流派の支持を一挙に集め、同年末の総裁公選での立場を有利にするとの思惑からであった。石井はこの進言を入れ辞意を決して辞表を書いた。

これを知った田中、菅家の二人は同朝、品川の石井邸にとんで行き、「総務会長をやめて党内野党の立場に立つことは却って不得策だ」と諫言した。いったん辞表を書きまでした石井は、直ちにこの諫言を入れて辞意をとり止めた。ところがこのとき、すでに石井邸を去った堤康次郎の口から石井辞任とのニュースが外部に洩れ、新聞にも報道されたため、石井の動揺ぶりは政界から強く批判されたものである。

石井は日ソ交渉問題に対し、終始中間的な立場をとったが、これも石井派内部の外交政策上の意見対立の反映であったし、次に三十一年末の総裁公選で票を集めようとの思惑から党内で中間的立場をとり続けたことも、同派内部対立の反映であった。すなわち灘尾や塚田は反主流の方向に、特に池田派との協調を深めようとしたのに対し、菅家、田中、篠田らは、主流との関係の持続を主張し、河野派とも連絡をとっていた。

## 中間派の典型

総裁公選で敗れた後の石橋政権時代でも石井の中間的立場はその限りで徹底していた。一方で、当時の反主流派であった岸、河野、大野らと会談するかとみると、片方で当時の主流派、三木、池田、大久保、林、益谷らとも謀議するといった調子で、政界消息通も、彼を主流、反主流の何れにも決しかねるのが実情だった。彼自身記者会見などで「石井派の立場は主流でも、反主流でもない、中間派さ……」と割りきった発言をしていた。

岸政権が出来、岸内閣の副総理になってからもそうであった。石橋政権時代から、岸政権時代に入って主流、反主流の関係は逆転したが、石井は相変らず両者の中間に位置していた。

## 水曜クラブの強化

石井派は、三十一年末の総裁公選に臨む必要から、赤坂にアジトを作った。これはもと田中伊三次の私邸であったものだ。門柱には「水曜クラブ」と書いた標札をはり出した。毎週水曜日に会合するから、この名をつけたのであって別に由来はない。

石井派は水曜クラブという名のとおり、派閥としては、きわめてゆるい結合であった。クラブの世話人たちも、われわれ新聞記者団に、「水曜クラブは、議決してクラブ員を縛るといったことをしない、自由に意見を交換し合うだけの集まりだ」としばしば説明していた。

もとより、派閥がこのようなゆるい結合である限り、党内に強力な地歩をきずくことは出来ない。石井は三十三年六月の第二次岸内閣の組閣で、岸にまんまとうっちゃりを喰い、副総理の地位を奪われて閣外に追われた。かわって石井派の大勢が希望しない灘尾が文相として入閣した。彼のまったく予期しなかったことだったが、これは利害打算のソロバンが早い岸に、その派閥の弱体さを見すかされたからである。

さすがに鳴かず飛ばずの石井派も憤激した。その派閥のゆるい結合を強固な結合に組織がえすることになった。従来のクラブ組織を、準政治結社的なものに強化して、「水曜クラブ」の標札も外してしまった。

三十三年五月の総選挙の後、石井派は赤坂のプリンスホテルでカクテル・パーティーを開き、石井派の勢力を示威しようとした。集合した議員は衆議院二十七名、参議院十九名だったが、パーティーの進行係の塚田十一郎は、会員数を衆議院四十名、参議院四十三名、計八十三名と発表した。この数字が、内部の団結を伴ったものであるならば、岸もこの派閥を甘く見て、石井を閣外に追放することが出来なかったろうが、発表された顔ぶれをみると、余りに他派との二重国籍が多かった。

**相継ぐ離脱者**

二重国籍が多いだけではない、石井派は最近離脱者が相継いでいる。

山崎巖、小林錡の二人が、石井に離反したのは大分前のことだ。離反の動機は、石井がこの二人を閣僚におさなかったからだといわれる。山崎は東久邇内閣の内務大臣、小林は昭和五年初当選以来の当選八回の経歴の持主。この二人は自分らをさしおいて、石井が馬場、灘尾、田中らを入閣させているのが面白くない。しかも岸の某幕僚がいうところでは、第一次岸内閣の大改造の時には、石井は岸にこの二人は採用しないでくれ……と要求したという。そういう情報が流れているだけに、この二人が石井派を離反したとしても無理ないことだろう。小林は岸、佐藤に接近、山崎は池田派に深入りしている。

篠田弘作は河野に近づいている。国会で灰皿を投げて勇名をとどろかしたような陽性な男だから、陰気な石井派の雰囲気が性に合わないらしい。松野頼三は今や佐藤派である。荒船清十郎も大野派に仁義をきったし、かつてこの派の会合に出席していた堀川恭平、大島秀一、中山マサ、田中正巳、八木一郎らは大野派にがっちりと結びついた。田村元もとび出した形だ。永山忠則も大野派に行き、最近は賀屋派に属している。

櫛の歯の抜けるような淋しさだが、これも中間派というこの派閥の宿命のようだ。中庸は政界では美徳ではない。特にこの国の政界では、常に旗旆鮮明なものが勝利する。石井派という派閥も、その年来の中間主義の立場を脱却しない限り、強力な派閥にはなり得ないのではあるまいか。

# 第六章　官僚陣営の進出（池田派と佐藤派）

**不吉な会合**

　昭和三十年十一月十三日のこと、十三人の代議士が、新宿諏訪町の林讓治邸に集まった。十三という不吉な数字が重なったこの会合は、自由党「吉田派」がやがて二つに割れる萌芽を宿す会合でもあった。基督教徒の縁起をかつぐわけではないが、事実、「十三人衆」と当時呼びならわされたこの顔ぶれの中で、その二日後の保守大合同の日、他の十二人と袂を分ち、一人だけ党外に去ったのである。その一人はいうまでもなく、佐藤栄作であった。

　この日までの数日間、吉田派は保守新党に参加すべきか、否か、で大論争を続けていた。年来の政敵鳩山一郎を首班とする政権に、与党となる不愉快さは、その誰もの共通した感情だった。しかもこの保守合同は、三木武吉、大野伴睦の握手によって出来、その新党はまずこの二人の手中に主導権を握られることが確実であったから、当分は冷飯を覚悟しなければならない。

　とはいうものの、親分吉田の時代がもう二度と来るわけもないから、この保守合同のバスに乗り遅れれば、ジリ貧を待つばかりだという打算もあった。毎夜繰り返された論議の果ては、結局この打算が大勢を制していた。にもかかわらず、最後の一人、佐藤栄作だけが、親分吉田茂への殉死を主張してゆずらなかった。林讓治も、益谷秀次も、池田勇人も、新党参加、すなわち殉死を見合わせ、旗を下すハラをきめていただけに、そこには殉死者の悲壮感と、バスに乗りおくれまいとする者の「不忠」

の自責とが妙に絡んで、白けた空気が漂い始めていた。白けた空気とはいいながら、すでに何人かは目を赤くして、手を取り合う大時代な場面もみられた。

こうして、佐藤栄作は吉田茂と二人だけ、保守合同劇の派手な開幕をよそに、無所属席にとり残された。この二人に続いて、佐藤の子分、橋本登美三郎もまた、親分佐藤に殉じて、無所属席に加わったが。

### 吉田派分裂の兆

高校時代以来堅く結ばれて来た池田勇人と佐藤栄作との友情には、この時復し難いヒビが入り、やがて「吉田派」が「佐藤派」と「池田派」とに分裂することになったのである。

この時の新党不参加強硬論者の佐藤が、後に岸政権の主流派として、鳩山政権の流れをひいた河野一郎、大野伴睦と手を握り、妥協論者だった池田が、反河野、反岸の強硬派として、陽の当らぬ反主流に陣取っているのだから、政党史の流れは、不可思議なものである。この二人は、その後も、吉田が再三仲介の労をとり、もとのサヤに納めようと試みたが、ついにその試みは成功せずに今日に至っている。

### 池田・佐藤の出会い

池田勇人と佐藤栄作との出会いは、まことに偶然な出来ごとだった。二人が高等学校の受験のため、名古屋のさる安宿に一緒に泊り合せたのが、後年の保守党きっての実力者が、互に知り合った端緒なのであった。二人とも困難な入試にパスし、同じ第五高等学校に入学した。名古屋で受験したのは、当時の高校入試制度が、全国共通で、どこの高校で入試してもかまわないからであった。

以来二人は手をとり合って進んだ。二人とも、学生時代はずば抜けた秀才であるとはいえなかった点も似ている。池田は佐藤の入った東大に入れないで京大に進んだし、佐藤は池田のパスした大蔵省に入りたくて入れず、鉄道省に進んだ。が二人とも、それぞれ大蔵次官、運輸次官にまで昇進し、官僚として最高位まで上ったのだから、有能であったことには間違いない。

この二人の性格を比較すれば、池田の方がどちらかといえば単純、素朴であり、感情、心境を露骨にあらわし、佐藤は今も政界きってのポーカー・フェイスといわれるように、絶対に自分のハラを人に明かさない狡猾さをもっている。

第二次岸内閣組閣の際、蔵相問題で大野伴睦と佐藤栄作は正面から対立したが、その頃のある日の六役会議で、大野は面と向って佐藤に「池田は今までかげで俺の悪口を叩いたことは一度もないが、君は俺に対する蔭口を絶えず流していたな……」と露骨な皮肉を言ったことがある。この時大野は一万田蔵相の留任を主張し、佐藤の蔵相就任に強く反対していたので、多分に感情的に喋ったのかも知れないが、政界一般にこうした見方はあり、池田と佐藤とは、同じ官僚的性格の濃さの中でも、性格的には大きな個人差があるようである。

## 吉田の池田・佐藤起用のいきさつ

池田を吉田にはじめて紹介したのは佐藤だった。昭和二十三年の秋、第二次吉田内閣組閣の少し前、その頃吉田はかつて近衛文麿の住んでいた荻外荘に居を構えていた。「面白い爺さんがいるから会ってみろ」と佐藤は池田に荻外荘行きをすすめたのだという。

佐藤が吉田に面識を得たのは松野鶴平の推薦による。だから今も佐藤は松野とよく、第二次岸内閣で、佐藤が佐藤派内の入閣序列として常識となっていた渡辺良夫と橋本登美三郎の二人を棚上げにして、松野の息のかかった橋本竜伍を入閣させたり、松野の長男、頼三を総務長官に抜擢し、頼三もまた石井派から移籍して佐藤派に転入したのも、そのためである。

官僚好みの吉田が、運輸省鉄道総局長官の地位にあった佐藤栄作の抜擢を思いついたのは、昭和二十二年一月の第一吉田内閣の改造の時だ。二・一ストの直前のことである。その時まだ次官にもなっていない佐藤を、議席もないままに、運輸大臣として入閣させようとしたのだから、今日だったら気狂い沙汰である。この吉田の思いつきは、戦犯の実弟を入閣させるなどとは不謹慎だとの横槍がGHQから入り、お流れになってしまったが、その後も吉田の佐藤に対する執心は消えず、二十三年十月の第二次吉田内閣組閣のときに、やはり議席のないまま官房長官として起用した。

池田の起用はこれより遅れ、二十四年二月の第三次吉田内閣のときである。(この時の池田の蔵相としての入閣は、党内の猛反対を受け、代議士会で官僚出で一年生議員を入閣させることには反対だと決議したほどだったが、吉田の依頼で大野伴睦が党内を取り鎮めた結果、入閣出来たものである。

池田も佐藤も二十四年一月の総選挙で、岡崎勝男、福田篤泰、前尾繁三郎、橋本竜伍、遠藤三郎、吉武恵市、笹山茂太郎、有田喜一、床次徳二、大橋武夫らの官僚群と一緒に初当選し、そのうち前尾、橋本、大橋、遠藤、床次らとともに今日まで連続五回当選している。）

そもそも佐藤が池田を荻外荘につれて行ったのは、池田を大蔵大臣として吉田に売り込もうという下心からであった。その時は、広川弘禅が泉山三六を推薦したため、採用されなかったものの、泉山の後をついで蔵相に登用されているから、池田が今日あるのは、吉田のおかげであるとともに、佐藤に負うところも大であるといって差支えなかろう。

佐藤は吉田に目をつけられる前に、社会党の西尾末広に拾いかけられたことがある。片山内閣が出来るころ（二十二年の五月）片山内閣の官房長官となった西尾末広が、官房副長官の候補として佐藤に白羽の矢を立てた。

佐藤はこの時やや色気をみせたようだ。佐藤は実兄岸信介に相談した。もとより政界には足場のなかった岸だったが、「社会党の天下がいつまで続くと思っているか。日本の再建は保守党によらねばならない。近く必ず保守党の天下がくるのだ」といって、弟栄作の社会党政権入りに反対し、佐藤もこの忠言にしたがって西尾の申出をことわったという。この時もし、佐藤が社会党入りしていたら、今日の政界地図も、大きく変っていたことだろうから、人間の運命と歴史の歯車の回転は、いつも不思議な偶然に流されるものだ。

## 昨日の友は今日の敵

池田・佐藤のコンビは、まず保守合同時に前記のようないきさつで、微妙なひびが入り、次に三十一年末の総裁公選をめぐってその決裂は決定的なものとなった。

実兄であるとはいえ、片や吉田自由党の幹事長、片や鳩山民主党の幹事長として、互に正面の政敵であった岸信介の総裁擁立参謀に佐藤がなったことは、池田として我慢のならぬところであった。佐藤は岸陣営に、池田が石井・石橋連合戦線に、それぞれ実弾を乱射しての総裁争いをしたとき、最も微妙な立場に苦しんだのは、旧吉田派の陣笠だ。後述するように、それぞれ何人かの直系の子分は持っていたが、まだなお渾然一体としていた吉田派の世帯で、一つ釜の飯を喰っていた陣笠たちが、この二人の領袖からひっぱりあいを受け、複雑な気持を味っただろうことは想像に難くない。佐藤はしかし遠慮会釈なく、池田系と明確な議員を相当数自派にひきずり込んだ。

かくてこの高校時代からの親友も、この政争以来互に憎み合う政敵になった。政治というものの持つ非人間的宿命の前には、三十年近い友情も、何の抵抗力も示さなかった。この離別のひと幕には一片の友情のかけらも見られず、醜悪な利害打算の爪跡だけが残されている。この政争劇の中で何らかの人間的な情感が主題として見出されるとしたら、双方とも、政界出世のチャンスを与えてくれた共通の親分吉田茂に対し、忘恩のそしりを受けないよう、絶えない配慮を払っていた形跡があるという、そのただ一事だけである。

## 吉田派の官僚性

ここで、この章のはじめに書いた吉田派「十三人衆」の顔ぶれをあげると、まず長老格に元衆議院議長の肩書を持つ林譲治、益谷秀次、続いて佐藤栄作、池田勇人、福永健司、小坂善太郎、愛知揆一、田中角栄、橋本竜伍、保利茂、周東英雄、大橋武夫、小金義照で、このうち大臣になったことのないのは、小金一人だけであり、しかも小金も毎回の組閣や改造で入閣候補の下馬評にあげられている。

この十三人が分裂するまでの吉田派の、世話人的地位にあった。このうち、林、益谷の二人は資金を作る能力がないため、領袖になれず、長老格で今日池田派に寄食している形である。この二人のほか、今日池田派に属しているのは、小坂善太郎、周東英雄、大橋武夫、小金義照である。愛知揆一は一時池田直系であったが、岸政権が出来るや、バスを乗り替えて佐藤派に走り、官房長官―法務大臣と陽のあたる場所を歩き続けている。福永も最近は佐藤派に転向、三十三年の総選挙後は、党の全国組織委員長になっている。

この十三人衆のほか、吉田派で閣僚の経歴を有するものは、前尾繁三郎、野田卯一、最近石井派から移籍して来た山崎巖があり、総計十四名に達しており、しかもこのうち、山崎、前尾を除く十二人が、吉田内閣で製造された大臣であり、また十四人のうち九人までが官僚出身である（ただし判事上りの益谷の古い党歴を顧慮すれば八人となる）。吉田がいかに官僚を好んだかがはっきり示されている。この官僚たちは、大部分大蔵省、農林省、商工省などの経済官庁の高級官僚であった（吉田派内では特に池田の影響で大蔵官僚は圧倒的に多く、池田はじめ愛知、橋本、野田、植木、前尾、大平正芳、黒金泰美ら九名に達している)。古い党人の林、益谷、実業界から来た小坂、福永、新聞記者出身の保利などがどうやらこの官僚色を薄めているからいいようなものの、そうでなかったら、吉田派は完全な官僚党になってしまう。

これにくらべ、三次に及ぶ鳩山内閣では、官僚出身で入閣したものは、重光葵、吉野信次、大村清一、根本竜太郎、杉原荒太らに過ぎず、吉田内閣のように党歴もなく、官界から政界に転換したばかりの純然たる官僚人を入閣させた例は一人もない。党人の典型鳩山と、官僚の大御所吉田とのコントラストはこんなにもはっきりしており、政権をとった特定の個人の性格の及ぼす政治的影響力の強大さを明瞭に示している。

**吉田の起用した党人**

もっとも、吉田もその政権担当の初期には、相当数の党人を採用した。これは、鳩山の追放によるその後継者として自由党の総裁(最初の短期間は総務会長であった)になったといういきさつから、鳩山の推薦者を相当数入閣させたこと、および、党人の不満をおさえるための懐柔策として官職配分政策をとったからである。

鳩山系の党人で入閣した顔ぶれは、植原悦次郎(内相)、石橋湛山(蔵相)、河合良成(厚相)、星島二郎(商相)、石井光次郎(商相)、平塚常次郎(運輸相)、林譲治(書記官長)——以上第一次内閣。林譲治(厚相)、益谷秀次(建設相)、森幸太郎(無任所相)——以上第二次内閣……などの多数に及ぶが、第三次以後はぐんとへり、第三次——林(厚相留任)、益谷(建設相留任)、森幸太郎(農相)、第四次——

無し。第五次――大野伴睦（国務・北海道開発庁長官）、安藤正純（無任所）というように、吉田が次第に古い党人を斥けて行ったことがわかる。

**池田派・佐藤派の将来**

総裁公選とともに、まっ二つに分裂した吉田派が、再びもとのサヤに納まって統一することは、まず困難だ。池田派は、かつて吉田政権打倒を旗印に頑強に戦った三木派及び石橋派と手を握っているし、佐藤派も旧敵河野派及び大野派と同じ主流派で提携している。この間の派閥間の合従連衡の経過をみていると、その離合集散の契機として、イデオロギーや政策は何の意味をなしておらず、その時の利害打算だけが、派閥地図塗り替えの動機及び理由となっていることは、まことに歎かわしい限りである。

しかし現在の保守党内派閥地図が、いつまでもこのままでいるとの保証はない。すでに岸派を中央にする右と左とで、佐藤対大野―河野の対立は深刻であり、池田、三木―石田ライン及び旧吉田派関係者の間で執拗な池田・佐藤間調整の試みが続けられている。さらにまた、石橋派内部で大久保系が大野派に接近しつつあるし、広い意味の党人派の中で、大野―河野―石橋―三木という党人グループを一本に並べ、岸―佐藤―池田という官僚ラインに対抗するべきだとの思想も一部あって、将来の変動はとても予想図を描き得ない。

# 第七章　孤独な勝負師（石橋派）

**はげしく上下した鳩山株**

「音羽御殿」と呼ばれる東京音羽の鳩山一郎邸の門を登る政客の数は、政界での「鳩山株」の上下するバロメーターとして敏感に反応を示した。

まず終戦直後、鳩山が軽井沢の別荘から上京、新党工作を開始した頃が、最初の上昇線、これが追放とともに急速に下降し、解除の情報が流れるや再び急昇、脳溢血で倒れるやまたも下降、病状が恢復し、自由党内の民同派の叛乱がはげしくなったころには三たび登り坂となった。その後も、自由党からの分党、復党、さらに脱党して民主党を結成するまでバロメーターの上下は二転、三転を繰返しついに吉田政権をおし倒して鳩山内閣をうちたてると、「音羽御殿」は足の踏み場もないほどのにぎわいを示し、鳩山をして「俺の家の廊下は道路のようなものだ」と嬉しい悲鳴をあげさせた。鳩山ブームといわれた時代である。このブームも彼の政界引退とともに終り、音羽御殿のにぎわいも消え、三十年二月の総選挙で十五万票とった鳩山も、三十三年五月の総選挙では七万票台に転落した。今や音羽御殿を毎月何回か訪れ、鳩山一郎を慰める政界大物は、大野伴睦、大久保留次郎ら数えるほどになってしまっている。

故緒方竹虎が自由党総裁として、鳩山首相の最初の施政方針演説に対する衆議院本会議での代表質問の中で「出たり、入ったり、また出たり……」と揶揄したように、鳩山一郎の政治行動が追放解除後政権をとるに至るまで二転、三転しただけに、「鳩山派」といわれる議員たちが、離合集散を繰返したのも無理もないことである。
終戦の年の八月十五日午後、銀座の交詢社に会合し、鳩山を軽井沢から呼び出し、新党を樹立しようと申合せた安藤正純、植原悦二郎、芦田均、矢部庄太郎、楢橋渡、河野一郎、星島二郎、北昤吉、牧野良三……という顔ぶれは、戦後最初の鳩山グループだったが、まず芦田、矢部は日本自由党を脱党して日本民主党に走った。楢橋もこれより先進歩党に参画、追放問題で鳩山と正面から敵視しあう仲となった。

## 「鳩山流産内閣」の顔ぶれ

鳩山が追放されるとは予想もせずに、自由党を創立、「鳩山内閣」の組閣にかかったとき、彼の選んだ閣僚名簿が「鳩山一郎回顧録」に書き残されている。いわば「鳩山流産内閣」の顔ぶれだが、そのメモは次のようなものだった。

総理大臣　鳩山一郎
外務大臣　芦田、吉田、植原
内務大臣　大久保留次郎
司法大臣　北昤吉
文部大臣　呉文炳

大蔵大臣　大内兵衛
農林大臣　周東英雄
商工大臣　星島二郎
運輸大臣　河野一郎
厚生大臣　山本実彦
無任所大臣　美濃部達吉
書記官長　石井光次郎
法制局長官　樋貝詮三
筆頭総務　芦田均
幹事長　山崎猛

この顔ぶれは、当時鳩山が最も信頼していた政治家、学者のリストとみてよいだろう。しかし、この中から終始一貫鳩山と政治行動を共にしたものはただの一人も発見されない。呉、美濃部、大内らはついに政界に出なかったし、山本は協同民主党を作り、芦田は日本民主党に走り、大久保は自由党分党の際に別れ、復党のときには河野一郎が行動を別にした。周東、石井は吉田陣営に深入りし、石井は緒方をかついで鳩山に正面から敵対、周東は今や池田派に属している。星島もあいまいな関係を続けた。

## 鳩山派の離合集散

吉田全盛時代に、吉田にタテ突いた人たち、すなわち民同派の面々は当時「鳩山派」の名前で呼びならわされはしなかったが、一応これを鳩山系とみることが出来る。そのメンバー中、吉田元首相のバカヤロー発言問題で自由党を離党した二十二名、三木武吉、平塚常次郎、森幸太郎、森清、松田鉄蔵、松田竹千代、石田博英、木村武雄、山本正一、山村新治郎、松永東、佐藤虎次郎、石橋湛山、河野一郎、重政誠之、亘四郎、中村梅吉、古島義英、加藤常太郎らと、その時自由党に残留した安藤正純、大久保留次郎、新井京太、徳安実蔵、平野三郎、大石武一、牧野良三、今松治郎、北昤吉、松岡松平、松本一郎、辻寛一、砂原格、砂田重政、松山義雄、島村一郎、大島寛三ら離党組と別れて自由党に残留したメンバーの顔ぶれを比較してみると、前者は後に主として河野派としてまとまり、今日の石橋派は、この二つのグループに二分しており、今日の派閥リストと比較してみると興味尽きぬものがある。

由来党籍の変更ということは、政治家にとっては生涯の運命を決する重大事件である。もとよりそこには中央政界でのはなばなしい劇的な変動が浮き彫りにされるが、同時に個々の代議士の、それぞれの選挙区での事情が、その行動を決定する大きな要素となる。だから表舞台での動きだけをみて、政治家の行動の全部を批評するのは酷である。だが当時の鳩山としては、自分とともに離党した人々に強い信頼を感じ、自由党に残留した人々に対しては「裏切られた……」という感じを否定出来なかったであろう。けれども永い眼で見た場合、結局誰が最も鳩山に忠実であったかは、その後の事情がこれを当時の色分けのままには決定してはいないようだ。

鳩山の自由党からの分党、復党、民主党の結成、保守大合同と、ドラマチックな政局の展開の後、かつての忠臣大野伴睦が再び鳩山と握手した今日では、ようやく鳩山としても、自分の周囲で離合した政客の自分に対する信義の尺度をはかり直し得ようというものだ。

さて、かつての鳩山派の行方を、今日の派閥地図の中に求めてみよう。

一部はさきに河野派の章でのべたように、河野を総帥とする陣営に立てこもっている。星島二郎のように岸陣営にとけ込んでいる人もいるが、「岸派」としてはやはり外様である。河野一郎と並んで大野伴睦、石井光次郎はそれぞれ一派をなしてその総帥に納まった。河野派を別として、ごく少数が各派に散在した残りは、「石橋派」の看板をかかげてかたまっている。

### 石橋派の成立ち

今日の形での「石橋派」が出来たのは、三十一年末の総裁公選の前後で、元来「石橋派」は石橋側近の石田博英、島村一郎、佐藤虎次郎ら数名のグループに過ぎなかった。島村は終戦直後鎌倉に住んでいた石橋湛山夫妻を、一時東京の自分の家に収容した縁故があり、石橋が鳩山の推せんで吉田内閣の大蔵大臣になった際石橋蔵相の秘書官(当時は代議士で秘書官になれた)になったという関係もあり、石橋派中恐らく石橋との関係は最も古いだろう。石田博英は日本経済新聞の政治記者をやめて政界に出馬した当初から石橋一本で通して来た関係で、終始石橋派の前線参謀であった。石田が政界に出ようとした時、石橋は蔵相のまま党の選挙対策委員長をしており、石田の軍資金の面倒をみてやった。その後間もなく石橋は追放されたが、石田は追放中も、石橋に対する恩義を忘れず、石橋家に出入りしていた（島村は当選七回、石田は六回）。三十三年五月選挙で落選した佐々木秀世もこの二人とともに終始石橋直系であった。辻政信も自由党に入党して以来石橋に私淑し続けて来ている。佐藤はその選挙区が石橋と同じ静岡県であることから深い関係になったが、最近は河野派、池田派、大野派などに出入、複雑な動きを示している。

今日河野派は石橋派と鋭く対立しているが、河野派中の中川俊思、松田鉄蔵、森清も一時は石橋直系だったし、広川派から今では河野直参となっている根本竜太郎も一時は下落合の石橋邸に日参していた。三十三年選挙で落選した元広川派の首藤新八もやはり石橋派にいたことがあるが、その後岸陣営に走った。元東方会の関係より緒方竹虎の側近にあり、最近は松野鶴平、佐藤栄作の間を往来している木村武雄も石橋派に名を連ねた一時期がある。戦後政界に上場された石橋株の上下にもはげしい波があっただけに、下落合の石橋邸に出入りする政界の数と顔ぶれもはげしく変っている。

石橋派が石橋内閣が出来るまで終始十名を越えないグループを脱しなかったのは、東洋経済に拠る石橋湛山の資金源に限界があったこと、また石橋が吉田内閣時代、冷飯を喰い続け、鳩山内閣の通産相になるまで要職につかなかったこと、石橋は自分の政治理念、固有の経済政策を持つ政治思想家であって、子分に石田のような権謀術数家はいたものの、本人はどちらかといえば一本気で、謀略を好まず、人心収攬の政治的テクニックに巧みでなかったこと……などがあげられる。だから三十一年末の総裁公選で勝利したのも石橋個人の実力というよりも、多分に偶然に幸いされ、むしろ謀略家の岸や石井の持つ限界が、反射的に石橋の勝利を作り出したものといった方がよいだろう。

## 鳩山直系の石橋派への合流

鳩山直系の石橋派への合流も、そうした契機によるものだった。先に述べたように、鳩山直参の古手組は、安藤正純が世を去ったほか、石井、大野、河野は一派をなし、牧野良三（三十三年総選挙で落選）、星島二郎らは岸派に吸収されたが、大久保留次郎、北昤吉（同落選）、世耕弘一、山本勝市、加藤常太郎らは、鳩山退陣後もひとかたまりとなり、政界の片隅で形勢を観望していた。このグループは、三十一年末の総裁公選にのぞみ、もっとも〝鳩山色〟の強い候補を択ぼうとした。この時の総裁三候補中、石井は鳩山を正面の敵とした緒方の後継者であるし、岸は官僚色が余りに強い点で、これら党人派とは肌が合わぬうえ、このグループと性の合わぬ河野一郎と同盟していた。「元来鳩山直系組」は、三木武吉、河野一郎のアクの強い性格を嫌って、鳩山に直接拠り所を求めて来た人たちである。石井、岸を支持出来ぬとなれば、残された候補は石橋だけだ。淡白な性格の石橋は、こうした一言居士の人々を受け入れるには最適だった。大久保、加藤の二人が石橋陣営に入り、参謀兼オルグとして動き始め、花村、北、世耕、山本らも活潑な活動を開始した。

この鳩山直系組の参加がなければ、石橋の七票差の勝利もなかっただろう。大久保一派の鳩山直系組の参加によって、「石橋派」はようやく二十名前後の「師団」級の基本戦力となり、これで石橋がはじめて「総裁候補」としての名乗りをあげられ得たものといえる。

こうして石橋派が政権樹立の喜びにひたったのも束の間、石橋の発病により、槿花一朝の夢と化してしまった。しかも石橋退陣後間もなく、石橋派を二つに割る紛争が起きた。大久保派対石田派の対立がそれである。

## 大久保・石田の対立

この紛争の直接の動機は、石田の対佐藤接近と、岸政権に対する猟官にあった。石橋首相が病に倒れた当時、石田はその病状が政権担当に耐えないものであることを知りながら、石橋派内部でさえこれをひたかくしにし、しかも岸、佐藤兄弟にひそかに情報を流して政権受授の工作を進めた。石橋の引退が公表されたときには、石田はすでに佐藤を通じ岸とある種の取引きを終っていた。石橋政権を引継いだ岸内閣で、彼が官房長官として居坐り、その年の七月の内閣大改造で労相として入閣したことが、その間の消息を裏書きした。

大久保はこの七月改造の際、加藤常太郎乃至世耕弘一の入閣を要求したが、石田はこれを斥け、自己の入閣を押し通した。石田の言い分は「岸が加藤や世耕を採用しないことは明白だ。してみれば石橋派から誰も入閣しないよりは自分が入閣した方が、石橋派にとってプラスである」というのだった。

大久保は、内務官僚出身、警視庁の官房主事をつとめ、当時はカミソリといわれた能吏であり、東京市長を経て、政界に顔を売り、鳩山幕下の大物として戦後の政界に出た頃は、第一級の政党人であった。内務官僚出身としては、どこか底の抜けたような人のよさと大人的風格があり、官僚臭はどこにもにおわない。彼の経歴を知らない人は、警察出身と聞いて驚くだろう。政界の情報には至って早耳だが、泳ぎ方は巧みでない。石橋内閣が出来たときも、いったん石橋から幹事長に指名されていながら、三木武夫の強引な工作の結果押しのけられてしまった。石橋派の内部にあっても、年齢的には子供のような石田博英に、先手先手とうたれ続け、大久保派は石田の栄達の踏み石のような目にあった。

一方石田は、新聞記者出身の敏捷さが身上、孤手空拳で、楽屋裏の謀略だけで今日までのし上って来た男である。大久保と石田の対立は、どこにでもある戦前派と戦後派の対立でもあった。

### 危険なギャンブラー

石田は吉田全盛時代、「叛乱軍青年将校」といわれ、福永幹事長問題でさすがの吉田ワンマンにひと泡ふかせ、新党運動に成功し、党内最小派閥の石橋派をもって政権を獲得したという〃歴戦の武勇〃をやや過度にまで気負っているところがある。何度も負けながらはり続けて最後に大博打に勝ったギャンブラーのような自己陶酔感に耽っている面持がある。賭博者には明日が知れないように、彼の前途も一度踏み外したらどんな谷底に落ちるか知れない危険さが感じられる。賭博をたしなまない大久保とは、性格的にも正反対である。

石田の最近の著書は「勝負の孤独」と題されているが、政界での彼はその著書名のように孤独な勝負師といった様相を漂わして来た。

石橋派は、石橋退陣後軍資金に欠乏して来ている。三十三年五月の総選挙では、自民党内の各派領袖は、子分たちに一人頭最低百万円から三百万円程度までばらまいたというのに、石橋湛山が約二十名の同派議員に渡した選挙資金は一人頭二十万円程度だったといわれる。この総選挙の後の特別国会が終った頃、「お中元」として各派領袖が子分たちにばらまいた金は一人頭五十万円内外だったが、石橋湛山が十余名の同派にまいた金は一人頭十万円に過ぎなかった。

石田は、親分湛山のこうして撒いた涙金とは別に、個人で約十余名に、親分湛山を上廻る金額を撒布している。彼から資金の供給を受けた何人かの議員は、必然的に大久保より石田に接近する。これで独自の子分が出来たという安心感が、石田の行動を一層独善的にした兆候もみえている。

特別国会も終りに近づいたある日、石田は下落合の私邸に親分石橋を訪ね、「私はようやく一人立ち出来る政治資金源が出来たので、これからは自由に動かせて頂きたい」旨を申出たという説がある。

その頃、石田は故意に大久保、加藤らを除外した石橋派の会合を開き、大久保派も石田一人だけを除外した会合を開くなど、両派の対立は形の上にも表われて来ていたので、石橋湛山も両派の調整に乗り出そうとした。ところが石橋も、石田の行動にはついに憤激し、大久保側に采配をあげ、石田を強く叱責した。石田がついに親分石橋から見放されたという情報がその後広く政界に流れたことは「石田株」を急速に下落させた。

石田が湛山に嫌われた理由のひとつは、湛山夫人ムメ女史の逆鱗にふれたためだという説がある。嫌われた原因は、一は石田の女癖の悪さが、女性の立場からムメ女史を怒らせたためだといわれ、他は金銭にからむ怒りだともいう。政界に関しては一見識を持つムメ女史のことだから、石田を嫌うにはそれ相応の理由もあろうが、筆者はムメ夫人不興の真相については知るところがない。

大久保、石田の対立の裏には加藤常太郎と島村一郎の対立があった。石田は大久保、加藤の二人を切り離そうと、間接に大久保に対し、加藤を切れば協調する旨を申入れ、大久保に蹴られたといういきさつもあった。

石橋派の大勢は、この両者の対立に困惑しながら、どっちつかずの立場をとっている。が大久保陣営に旗旆を鮮明にしているのは、加藤常太郎、世耕弘一、山本勝市、宇都宮徳馬、辻政信、石田にくみするのは島村一郎、福永一臣、柳谷清三郎といったところである。

**勝負師の敗北**

石橋の叱責に加えて、石田の失意を深めたのは、第二次岸内閣で閣外に追われたことである。

石田の石橋退陣後の目算は、池田勇人、三木武夫、石田博英の三者同盟に佐藤栄作を加えた四者連合を作り、大野伴睦、河野一郎を岸政権の主流から外し、代ってこの四者連合で岸政権を動かすということだった。

政界きってのポーカー・フェイスといわれる佐藤栄作は、絶えず石田側のこの希望図に応ずるような素振をみせて来た。第二次岸内閣組閣の前には、佐藤はさかんに石田と電話連絡をとり、これをにおわせた。石田は佐藤の色よい言葉から、自分の労相留任を信じ込んでいた。——が組閣の結果は、岸は大野—河野ラインを離さず、逆に池田—三木—石田ラインに痛棒をくらわせるものだった。

まったく予期に反して閣外に追われた石田は、組閣直後ウィスキーをあおりながら、「栄作にいっぱい喰わされた」と絶叫したという話を、筆者は石田の周囲の新聞記者から聞かされたことがある。

石田はその強烈な権謀術数のために、年少の割に政敵を数多く作って来た。政争に勝つためには、彼はしばしば謀略を弄した。たとえば、総裁公選にのぞんで、票を得るために大臣の椅子をはじめ役職の空手形を乱発した。大野派を味方にひきいれるため、石橋内閣が出来れば大野伴睦を副総裁にすると約束までした。これは東京新宿二十騎町の倉石忠雄（大野派）の私邸で、石田、倉石、村上勇（大野派）の立合のうえで、石橋湛山、大野伴睦を会談させた席での確約であった。石橋政権が出来るや石田は「大野を副総裁にすると約束したおぼえはない」とシラを切り、岸信介、石井光次郎の二人の処遇との振り合いの困難さを理由にこの約束を反古にしてしまったという事実もある。こうした彼の過去を見、今日の彼の政界で置かれている境位をみると「策士策に溺れる」の感なきを得ない。彼にとって今や政敵は無数であり、信ずべき味方は数えるほどもない。永年の親分湛山の不興まで受けた今日の彼は、まさに孤独な勝負師といった姿であり、彼自身「勝負の孤独」をにがい思いで噛みしめていることであろう。

# 第八章　保守と革新との間（三木派）

**複雑な改進党の系譜**

戦後の政党で旧改進党くらい変転として党内を変え、離合集散を繰返した党はない。改進党は、保守党の右の極と左の極とを混在して出発した。その右側のポールには、旧日政会を母胎とし多分に反動性を持った進歩党を、その左側のポールには、若干社会主義的傾向さえ持つ分子をも包含していた国協党を、それぞれ併在させていた。

この二つの流れは、その後もさまざまな形をとって対立抗争を続けた。しかも今日の姿をみると、大麻唯男とともに保守派だった松村謙三が、「革新派」の三木武夫と同盟して反主流派の一角を占めており、大麻は松村と手をきって岸陣営に走った。他方、三木と同盟していた同じ「革新派」の北村派は、三木と別れて河野派と結合し、岸政権の主流に位置している。かつては「日本民主党総裁」として政権の座についた芦田均の一派はチリヂリになり、芦田は三木派の片隅に身を寄せている。

以下の各章ではこの複雑な旧改進党系の系譜を、①三木派　②大麻派　③芦田派　④北村派に分類し、これら各派の発生と転身の歴史をふりかえってみよう。

＊　　　＊　　　＊

### 三木・松村の珍奇な結合

三木武夫、松村謙三は、元来保守党内の左右両極である。それが岸政権下の今日、同じ「反主流派」という陽の当らない片隅で仲良く並んでいるのは、一見珍奇な現象のようにみえる。

三木はいわゆる「革新派」としては珍らしく「金集め」のベテランであり、年少政治家の割に、古手保守政治家的な「寝業」が達者である。松村は保守派古豪といわれながら、金集めは不得手で、今も東京郊外練馬の田んぼの中で、隠居さんのような地味な生活をしながら「清潔政治」を実践している。その政界でのレッテルとは逆な中味がお互に求め合う関係を作りあげたのかも知れない。

松村には戦後の追放のブランクがあった。松村のこの政治的空白時代は、三木にとっては政界での躍進時代だった。今三木・松村派という複雑な派閥と、その領袖としての両者の性格を語るためには、まず三木を中心とした変転の戦後史＝国協党から改進党に至る離合集散の跡を一応顧みてみなくてはならない。

### 国協党が出来るまで

三木は戦後岡田勢一、林平馬、笹森順造らと「大同クラブ」を作り、「日本民主党準備会」を組織して、機を待っていた。一方、終戦の年の十二月十八日に船田中、黒沢酉蔵、吉植庄亮、吉田正、中谷武世、徳川義親らによって結党された「日本協同党」は第八十九帝国議会解散当時二十数名の代議士を擁していたが、戦後の総選挙で十四名に減り、その後無所属組を集め二十四名にふくれた頃、五名の「日向民主党」と二名の「日本農本党」とを併合し、さらに無所属五名を加えて、二十一年五月二十四日「協同民主党」と改称、委員長に山本実彦を立てた。元来協同党は、協同組合主義を標榜するものだったがこれは農村でのかつての農業組合運動の復活であり、綱領には「皇統を護持し、一君万民の本義に基づく……」といった古風な文章が綴られていた。

一方当時院内交渉団体として、三十七名の代議士を持つ「新政会」があり、これが二十一年九月二十五日「国民党」を結党した。この時新政会から国民党に参加しなかった小坂善太郎は進歩党へ、秋田大助、赤沢正道は協同民主党に移り、結党当時は代議士二十三名、党首をおかず、野本品吉（現在自民党参院議員）、笹森順造、早川崇、岡田勢一らの中央常任委員の合議制によっていた。この党の綱領は「われらは唯物主義・唯心主義を超克した人間愛の実践を基調とする人道主義的世界観を主張する」といった抽象的、観念的な文章ばかり羅列されていた。

三木武夫を書記長とする国民協同党は、右の協同民主党と、国民党が昭和二十二年三月八日合同した結果生れたものである。

国民協同党の結党は、二十二年春の総選挙に備え、小政党の不利な立場が予想されたことから、保守革新両陣営の間の中間的第三党結成の機運に乗じて実現したもので、この合同を推進したのが、協同民主党側三木武夫（党総務だった）と国民党の岡田勢一、松原一彦などだった。結党時の勢力は七十八名（協民四十二、国民三十二、無所属クラブ四）、役員は書記長三木武夫、常任委員会議長岡田勢一、政調会長船田享二、代議士会長笹森順造だった。政策大綱には「マルクス的階級社会主義を排し、人道主義に立脚した協同主義による経済の社会化を期す」ことや「労働不安と階級対立に反対、生産第一主義に徹するため全従業員の経営参加による生産協同体の組織を確立する」ことなどがうたわれていたが、これは当時の三木武夫の政治思想の表現でもあった。

**四十歳で大臣**

二十二年四月総選挙の結果は、国協党は転落、約半数の衆院三十一名、参院十名の勢力となってしまった。が三木武夫は、小党代表の立場を百%活用、政局収拾のためコマネズミのように敏捷に立ち廻り、社会、民主、国協三党連立による片山内閣の成立を推進、若冠四十歳二ケ月で逓信大臣として入閣し、最盛期の全逓組合とスマートに渡り合って名を売った。

これに先立ち、国協党から林平馬ら十五名が脱党して、進歩党と合同、二十二年三月三十一日日本民主党を結党している。この時芦田均は日本自由党から十名をひきいて脱党し、民主党に参加、同党の最高委員に納まった。

国協党は総選挙に続き、二十三年六月三十日第二回党大会を開いたが、そこで三木武夫は中央委員長に、岡田勢一が書記長に、船田享二が政調会長に就任した。これで、小なりといえども、三木武夫は一党の党首になったわけである。

**小党根性**

今日でも、三木武夫は小党根性が抜けないということを、しばしば批評される。〝小党根性〟とは、キャスチング・ボウトによる政治取引きの巧妙さに対していわれているようだ。山本実彦の協同民主党との合体で、国協党の書記長から委員長になって入閣、二十五年四月には小党国協党をひきいて民主党に合同、その最高委員から幹事長になり、ついで大麻、松村らの追放解除組を吸収した改進党時代に入って、またも幹事長、保守合同に反対を唱えながらも、自民党で石橋政権を作れば、またまた幹事長、鳩山内閣では運輸相として入閣、岸政権下でも政調会長から国務大臣——と絶えず陽の当る場所を歩き続けて来たその要領の良さが、右の批評を招く理由であろう。小党、小派閥の立場を、最大限に利用して、歴戦の保守政界の古豪を手玉にとることの手さばきのあざやかさは、一面彼の頭脳の切れ味のよさを物語ってもいるようだ。

## 国民民主党の結党

話をもどそう。国協党の第三勢力主義、中間主義の立場は、その限りで失敗だった。二十四年一月の総選挙の結果は、中道派は各党派とも全面的に敗退し、当時二十九名の国協党は僅か十四名の小党に転落してしまった。

十四名ではどうにもならない。そこで三木は「党は健全な勤労大衆を守るために、国会の内外に第三勢力結集の気運を促進する。小会派の結集はこの前提である」との構想を打出し、社会党右派及び民主党野党派に狙いをつけるとともに、社革党、公正クラブといった小会派にも手をのばし、同年四月二十六日に「新政治協議会」なる院内交渉団体を作った。

この前後、進歩党の後身日本民主党の方では、吉田内閣との連立問題で野党派＝苫米地義三ら三十七名と、連立派＝犬養健ら三十三名とに分裂、犬養派の保利茂、小坂善太郎らが民主自由党に合流、自由党を結成（二十五年三月一日）したため、日本民主党野党派と国協党との間の合同機運が急速にもりあがり、二十五年四月二十八日、両党の合同による「国民民主党」が生れた。

**改進党の誕生**

この年の秋、松村謙三、大麻唯男、頼母木真六ら民政党系の大物追放組が追放解除となった。彼らは「新政クラブ」なるグループを作って、政界復帰に備えた。

この頃から国民民主党、新政クラブ、農民協同党（二十四年十二月九日結党）、緑風会の一部などの間で、〝新政治力結集〟の話合いが進められた結果、二十七年二月八日、日比谷公会堂で「改進党」の結党大会が開かれるに至ったわけである。改進党結成に際し、農協党は小平忠ら一部が反対して不参加、参議院民主党も、新党の性格が不満だとして稲垣平太郎、林屋亀次郎、西田隆男らの保守派十七名が参加せず、三月十一日「民主クラブ」を結成した。結成の日、三木武夫は幹事長に選出されたが、総裁はまとまらず空席のままで発足した。なお党務委員長には西田隆男、政策委員長には北村徳太郎、組織委員長には河口隆一、中央常任委員会議長には松村謙三がえらばれた。

**民主党の結成**

改進党はこうして生れたが、追放解除となった翼賛政治のチャンピオンと、場合によっては社会党の右派と抱き合おうという革新派との寄り合い世帯だから、これ以上強力になろうはずがない。しかし自由党内の吉田・鳩山の対立と、造船汚職は、弱体改進党にとって天与の幸だった。

自由党を脱党した鳩山系及び岸派との合同による民主党の結成が、再び三木武夫の陽の当る場所に出るチャンスを作りつつあった。三木は鳩山内閣の運輸大臣になった。

三木にとっての次の曲り角は三木武吉、大野伴睦による保守大合同のときだった。三木武夫はこの合同に反対だった。三木武吉、大野伴睦といったような、三木武夫の目からすれば旧時代の古手政治家に主導権を握られた合同劇の演出が気にくわなかったのだ。合同後の自民党が、鳩山一郎、緒方竹虎、三木武吉、大野伴睦の四代行委員と岸幹事長、石井総務会長、それに大野派の水田政調会長といったような顔ぶれで党中枢が占められたのは最も不愉快なところだったろう。

保守合同の前後、三木武吉老は「合同後の政府与党人事ではゴネトク人事を排する」ということをしばしば発言した。「ゴネトク」とは、ごねてとくをすることで、明らかにこれは三木武夫の排斥を意味するものであった。

当時三木武夫は、自派の議員を集めて会合しては三木武吉―大野伴睦ラインの保守合同をきびしく批判していた。それは保守合同に反対のデモンストレーションにより、次の場面での人事面で利益を得ることを狙うものともとれた。時の主流派首脳が、不平派懐柔のための役職分配をすることを期待したデモだとみられた。これが三木武吉の目には、ごねてとくをあてこんでいる三木武夫として映ったわけだ。

三木武夫にしてみれば、民主党総裁に当っては、大麻唯男に主導権をとられたという不本意ないきさつはあったにせよ、三木武吉、河野一郎らの鳩山一派には、吉田打倒の片棒をかついでやることによって恩を売っておいたのに、今度は、三木武吉―河野一郎らは自由党と取引きして、自分たちをツンボ桟敷にしたという不満があった。また永年打倒自由党と、第三勢力論をスローガンに、進歩的保主主義をかざして来た彼の政治理念からすれば、自由党との合同は理論的にも不本意だったに違いない。

三木武吉は、その言のとおり、三木武夫に何の役職も与えなかった。三木武夫にとって短い間だったが冷飯時代となった。

**石橋擁立**

緒方竹虎の死去に続き、三木武吉老も世を去った。日ソ交渉をめぐり、自民党内の反鳩山勢力が日ましに強まった。吉田の二の舞いをするのを嫌った鳩山は、政権をとること二年であっさりと引退した。再び三木武夫の檜舞台登場のチャンスが到来した。

こうした時の見通しの良さにかけては天才的な三木武夫は、いち早く石橋湛山擁立の名乗りをあげた。すでに河野一郎、佐藤栄作のひきいる両師団をひきよせ、現職幹事長の有利な立場で百余の勢力を固めていた岸信介に対抗して、僅か十余名の部下しか持たない石橋湛山をかついだ。

三十一年十二月十四日、東京産経ホールで開かれた総裁公選で、七票というきわどい差で石橋を勝たせた三木は、続く石橋政権人事争いで、いったん石橋が指名した大久保留次郎を強引に押しのけて幹事長の椅子を闘いとった。

この総裁公選の際、大野伴睦は一時河野一郎と袂を分って、石橋擁立に廻った。この頃、三木は大野との同盟を狙って、ある朝東京高輪の伴睦老私邸を訪ねたことがあった。この際大野の方も同じ

「党人派」として「官僚派」と闘うためには、三木一派と手を握ってもよいと考えていた。この間の調整は、北村徳太郎、宇都宮徳馬が熱心に動いていた。

大野・三木会談の結果はよくなかった。開放的な性格の大野は、どこか陰性な、智謀家型の三木がその話しぶりからして気に喰わなかった。この会談のあと、大野が「どうもワシは三木と気があわん」と洩らすのを、当時筆者は聞いたことがある。

### 強引な居坐り

三木武夫のインテリじみた物腰に似合わないこの強引さは、石橋政権発足時の幹事長就任のいきさつにも遺憾なく示されたが、三ケ月天下の石橋政権が終幕した後の幹事長居坐りの際にも、再びその強引ぶりが示された。

石橋の急病による引退の結果生れた岸政権下では、砂田総務会長、倉石国会対策委員長ら大野派、河野派などの主流派の間で、党六役及び総裁指名総務の総辞職により、一挙に岸体制を打たてようとする計画が極秘裏に進められていた。この狙いは三木幹事長をやめさせることと、大野伴睦を副総裁に就任させることであった。

この計画を察知した三木幹事長は、塚田政調会長らとともに、居坐りを続け、石橋内閣倒壊後三ケ月余の間、岸政権で幹事長を続けた。岸首相はすでに川島正次郎を幹事長に指名するハラをきめ、川島もその気でおり、永田町のグランド・ホテルをアジトにすでに実質的な幹事長の仕事を始めていた。だから当時、国会内の自民党幹事長室に陣取る三木と、グランド・ホテルに拠る川島と、二人の幹事長がいる形となった。その年の七月に断行された内閣大改造の際にも、三木・川島の二人は岸首相の組閣参謀として連れ立って党内各派の領袖の間の意見調整に歩き、政界に話題をまいたものであった。

**失敗した四者同盟**

この内閣大改造で、三木はようやく幹事長の座を降りたものの、政調会長としてひき続き党三役陣の一角を占めた。石橋内閣の倒壊の頃から、三木は石田博英とともに、実はひそかに佐藤栄作に接近しようとしていたのである。その狙いは、あわよくば、河野、大野の両勢力を岸政権の主流からしりぞけ、佐藤栄作、池田勇人、三木武夫、石田博英の四者同盟を作って岸政権の中枢部を握ろうというのだった。

だが大野・河野にしても政界千軍万馬の間を往来したベテランである。この謀略に気づかぬはずはない。しかも吉田派分裂以来の佐藤、池田の関係はますます悪化する傾向にあった。三木と池田との間にも思惑のズレがあった。三木は石田とともに、逆にうっちゃりを喰う結果になった。当初の思惑がはずれ、三十三年六月の第二次岸内閣の組閣の際にはようやく経済企画庁長官として自ら入閣、三木の子分は一人も入閣できないという三木派の後退となった。ここで三木はまたも冷飯時代に入った格好となった。

## 「三木・松村派」の成立

さて三十一年十二月総裁公選の前後から、旧改進党の中枢部は、「三木・松村派」と呼ばれるようになった。

かつて改進党時代は、重光総裁を中心に、松村謙三、大麻唯男といった追放解除組の、旧民政党時代からの古豪が党の主流を成し、約三十名の旧改進党主流派の三分の二を旧民政党系の議員が埋めていた。この「主流派」はいわゆる「保守派」でもあった。

これに対し、旧国協党系を集める三木武夫が北村徳太郎一派と連合して「革新派」を作り、千葉三郎、楢橋渡、床次徳二といった顔ぶれが「中間派」をなしていた。

こうした色分けが全面的に崩れ去ったのは、三十一年十二月の総裁公選の前後からである。主流派から大麻一派の十名内外が岸陣営に走り、革新派も北村派の大部分が河野一郎と共に岸を支持し、北村派中石橋に投票したのは北村徳太郎と中曾根康弘の二人だけだといわれた。

中間派の中でも改進党時代中間派の頭目格だった千葉三郎がいち早く岸陣営に走り、残る中間派は「山王会」というグループを作り、楢橋渡、小川半次らを中心に次々に岸支持に踏み切って行った。

その結果石橋支持陣営として残った「保守派」の松村一派と「革新派」の三木一派とが同盟、やがて混然一体となって「三木・松村派」としてまとまるようになったものだ。「三木・松村派」といっても、松村は戦前の民政党ですでに名をなし、戦後も東久邇内閣で厚相兼文相、幣原内閣で農相をやり、当選十回、その政治経歴は申分なく「総裁候補」の一人となり得る貫録だが、保守政治家として何よりも肝要な金を作る能力が欠けている、そこへ最近では老齢と病身が加わり、そのうえ保守合同以来、余り他派の人事にケチをつけ過ぎたため、自分自身も冷飯続きの始末になり今では余りに「御隠居さん」的な色彩が濃くなってしまった。(保守合同後彼がケチをつけた主な人事では、鳩山内閣の対ソ交渉の際の全権人事で有力視された砂田重政に反対して沙汰止みとし、石橋―岸政権時代に大野伴睦の副総裁に反対、特に三十二年七月の内閣大改造の際には、大野の副総裁就任に反対するために、自ら文相就任を蹴って対抗した。)

こんな情勢から、金集めの能力のある三木が次第に指導者的勢力を増し、ごく最近では「三木・松村派」も、単に「三木派」と呼びならわされるようになっている。今後も恐らく松村が政界の表舞台でこの派の指導者として活動することは期待できないから、三木の「領袖」としての地位はますます固まってくることだろう。

**合従連衡の天才**

以上三木武夫が戦後の政界で、どのような政治行動の過程を踏んで来たか、その足跡を辿って来た。これで示されたように、三木の変転自在な行動の幅は余りにも広い。国協党時代にはある程度社会主義的傾向もみえ、社会党の右派とならの手を握ってもよいという態度を示しながら、国民民主党から改進党へ進む頃には翼賛政治家の古手とも握手して来た。「吉田政権の打倒」を旗印にして、鳩山勢力と同盟したことがあったかと思えば、今日では旧敵の吉田派、池田勇人と同盟して、鳩山派正統の流れをくむ河野一郎と対立している。彼は春秋、三国志の時代に生れていたら、合従連衡の天才として名を残していただろう。

このような変転自在の彼の行動は、彼が売物にしている「革新派」のイデオロギーとどのように結合しているのか、不思議でならない。彼の戦後の政治活動の大半は、反動的な吉田政権との戦いであったのに、今その吉田イズムの正統を継ぐ官僚派の巨頭池田と同盟していることに、どういう解釈を下したらよいのか。

彼の行動の原理は、思想ではなくて、マキャベリズムであったのだろうか。そうだとすれば、このようなマキャベリズムこそが、政党を党外の権力に売り渡すものである。戦前の政党は、その腐敗堕落の故に自滅の道を歩んだのだが、その自滅を早めたのが軍部と官僚との取引きであり、この破廉恥な取り引きにおいて、自己のマキャベリズムの中に溺死したのである。

三木は現に彼のかつて闘った官僚勢力と手を握っている。その手は、彼の本来の思想を握りつぶし、マキャベリズムの臭気によごされてしまっているようである。

## 三木派の性格

この三木の権謀術数的性格はともかくとして、三木派の長所はその政策への熱意である。

三木派の人々は待合政治をやらないわけでなく、赤坂あたりに適当な夜のアジトもあるが、早朝トーストとミルクで朝食会をやり、稲葉秀三、有沢広巳、脇村義太郎といった学者グループを呼んでレクチュアを受けるような真面目さがこの派の特徴である。

赤坂検番の近くに、デンとした「三木事務所」を持つところなど、三木の財力の一面を示している。この事務所にはバアつきの大会議場のほか、相当数の事務室があるが、これだけ立派な事務所を持つのは、自民党内のどの派閥にもみられない。

次に三木も松村も私大出のキッスイの政党人であり、官僚性の少ない点もこの派閥の特徴である。ひとり戦後早くから政界の陽のあたる場所を歩いた三木を除いては、この派の大部分は、国民民主党、改進党の野党時代が長く、吉田派や大野派のような官職の豊かな分配にあずからなかったので、元閣僚の経験者はきわめて少ない。

三木、松村の二人を除けば、鳩山民主党政権で陽のあたる場所に出るまで、ただ一人も台閣に列した人物はない。

第一次鳩山内閣では三木が再び入閣したほか竹山祐太郎が建設相で入閣、第二次鳩山内閣では、さらに松村が文相で入り、第三次鳩山内閣では、この派の長老格の清瀬一郎が松村に代って文相で入っている。

しかし三木が自力で、自分の子分に椅子を与えたのは、石橋内閣の時だ。この組閣では自ら組閣参謀として、井出一太郎（農林）、松浦周太郎（労働）、宇田耕一（経企）の三人を一挙に入閣させた。これは他派の入閣数に比較すると大変な高率で、彼の強引なやりくちは各派の強い反感を買ったが、一面その政治力を示したものでもある。

長い間冷飯を喰わした子分に対する論功行賞だったが、石橋政権の崩壊後は、なかなかうまく行かず、松村のおす中村三之丞を一人だけ運輸相で入閣させた。しかも三十三年六月の第二次岸内閣の組閣では、当初狙った政調会長の留任もできず、一人の子分の入閣もできないまま、自分だけ経企庁長官（兼科学技術庁長官兼原子力委員長）の国務大臣で入閣するという終末だった。

今後のこの派の入閣序列は、古井喜実、笹山茂太郎（何れも当選四回）となっているが、三木の痛恨事は、最も信頼した腹心の河野金昇を入閣させることなく死なせたことだろう。

### 不思議な単独入閣

第二次岸内閣での三木の入閣についてはいろいろな見方がある。その一は三木は一応政府与党の要職を占めていなければ、今後ますます党内での自派の発言力を弱めることになるとみて、不本意ながら入閣したというもの。その二は岸内閣を長命とみて石田とともに佐藤栄作に接近、当分岸陣営との妥協を続けて行こうというハラから入閣したというもの。その三は、自派の政治資金源を確保しておくためには自ら経済閣僚の地位を占めておく必要があると判断したというもの。そして最後に、彼はいつも陽の当る場所にいたがる傾向があり、今度も子分の入閣を犠牲にして自分の椅子を獲得したのだというものである

この最後の、いくらか毒を含んだ見方が、実は三木・松村派の内部に起っているのだ。特に長老松村は三木の入閣を快くなく思っているようだし、さらに反主流派一般に、三木、石田は利己主義だとか、余りに策を弄し過ぎるといった批判も起っている。第二次岸内閣組閣後の政界の雲行きは、三木にとっていささか重苦しい暗さを投げかけているようである。

**三木・松村派の今後**

さて、三木・松村派の今後はどうだろうか。

松村は老齢でもあり、もはや政権をとる可能性はないとみなければならないだろう。今後の彼にとって、考えられる最高の地位は衆議院議長の椅子だと思われる。これまでにも何度か彼は議長候補として下馬評を立てられた。本当のハラを語ったことのない彼は、その度に、議長など真平御免と言い続けて来た。これからも彼は有力な議長候補の一人だが、星島現議長の後任には、幹事長の川島正次郎など、他に有力な候補があり、彼の議長就任はなかなか容易ではあるまい。

一方三木武夫は年齢的にも、各派領袖中の最年少者で、今日の局面から見ても、将来の宰相候補の一人ではある。特に自民党政権が今後大がかりな汚職とか、外交の失敗とか、財政経済政策の行き詰りとかに逢着した際、彼の出幕が開くことになるかも知れぬ。

**第三党の可能性**

三十三年五月の総選挙の前頃、岸政権下の自民党が二十以上の議席が減るのではないかとの予想が政界の一部にあった。この予想はもし二十以上の議席減少を結果すれば、岸政権の基盤がゆらぐだけでなく、岸は敗北の責任をとって退陣せざるを得なくなるのではないかという主として反主流陣営の間での希望的観測につながるものであった。

この頃三木が社会党右派の故松岡駒吉に、第三党結成を秘かに話しかけていたという情報があった。

社会党内では、総評の圧力団体としての力が強まれば強まるほど、右派の弱体化は必至となるから、遠からず右派は党を割っても左派と対決するだろうという予測は、保守党内でかねてから論議されているところである。一方保守党は緩漫なテンポではあるが総選挙のたびに総得票数を減じている。やがて保守・革新の開きがぐっとつまるとすれば、そこで社会党の右派と、自民党の革新派が合流して、中道政権を作るチャンスが出てくる——こうした見通しは、国協党時代からの三木の思想に、きわめて好都合な根拠を与えるものだ。恐らく心の奥で、三木はそうした第三勢力の結果と、その勢力に乗った自分の政権の構想を描いているのではあるまいか。そうだとすれば、三木の従来からの政治行動には一貫性が保たれることになる。

しかし保守合同以来の三木の動きは、部分的に策士策に溺れる観がないわけではない。最近では、彼の派閥を人は「革新派」と呼ばなくなってしまっている。まだ若い彼としては、保守政界の離合集散の激流の中で、自分の派閥の地歩を確保するよう泳ぎ続けるのに精いっぱいだとしても、無理のないことかも知れないが、彼の目ざす彼岸に泳ぎつくまでに彼の政治理念がその本来の色をあせ、その政治行動の主体性を失うことのないよう願わねばなるまい。

# 第九章　寝業師の終末（大麻派）

大麻唯男は昭和三十二年二月二十日、郷里熊本県下遊説中に世を去った。三十一年年末の自民党総裁公選で岸信介をかついで一敗地にまみれ、失意の身でその選挙区に帰ったのだが、過労の末倒れたものである。

## 日政会の派閥

大麻が世を去ったのち、〝大麻派〟といわれるグループは不遇で影を薄くしているが、大麻とその一派の成り立ちについては、戦後の保守党史を知るために除外することは出来ないと考えるので、この一章にとりあげてみよう。

彼は政治思想家ではない。政治技術家であった。ひとつの理念で動くというより、巧みに政権の間を泳ぎ廻る男であった。〝寝業師〟という言葉は、政界では彼のために作られた言葉のようなものであった。

大麻は元来民政党出身である。戦前は民政党総裁町田忠治の側近にあり、戦時は翼賛政治会の最実力者前田米蔵を三好英之、川島正次郎らとともに手足の如く助けて翼賛政治体制の強化に従い、山崎達之輔とともに東条内閣に入閣、政府と翼賛政治会との連絡に当った。賀屋興宣、岸信介、井野碩哉、後藤文夫らの官僚とも表裏で協力した。（翼政会は後に、小磯内閣末期の昭和二十年三月三十日に解散、日本政治会となったが、この両者は本質的に同じものである。）

終戦時の日政会は、複雑な派閥構成をもっていた。前記前田米蔵、山崎達之輔、大麻唯男、三好英之らのグループのほか、旧民政党の「町田直系」として、松村謙三、松田竹千代、桜井兵五郎、松浦周太郎、田中武雄ら、旧政友会の「中島知久平直系」として木暮武太夫、小笠原三九郎、東郷実、八角三郎ら、「金光庸夫直系」として、川島正次郎、今井健彦らの派閥グループがあった。

### 進歩党の結成

こうした複雑な派閥対立があったため、旧日政会グループは、終戦直後の新党運動にもやや立遅れることになった。この日政会系の新党運動は終戦の年の十月初旬頃より、まず町田直系の鶴見祐輔、桜井兵五郎、勝正憲らと、中島直系の八角三郎、東郷実、木暮武太夫らが、前田、大麻、山崎、金光らの戦時の最高幹部を除外して、この両派二百余名の代議士に招請状を出し、十月十三日、丸の内会館に会合、ここで斎藤隆夫を座長として、「戦後政治経済研究会」を設置することをまとめ、四月二十五日創立総会を開いた頃に始まる。このグループは、党首に宇垣一成、町田忠治をかつごうとした。

この町田、中島両直系勢力の連合戦線に対抗するように、近衛文麿を党首にかつごうとする新党工作が進められていた。金光庸夫、内田信也、大麻唯男、三好英之、川島正次郎、松田竹千代、津雲国利といった顔ぶれだった。

この両系統とは別に、この年の九月二十八日には、当選二回以下の少壮代議士の間で、「新日本建設調査会世話人会」が開かれ、これも新党結成に乗り出した。犬養健、山本粂吉、依光好秋、安藤覚、中村梅吉、小泉純也などである。

この三系統の新党運動をとりまとめるために乗り出したのが、当時の衆議院議長島田俊雄で、彼の手により旧日政会系各派長老を招き、大同団結の方向に進み、ここに十一月十六日、丸の内会館で日本進歩党の結党大会が開かれるに至った。この時の役員は、

▽総裁＝町田忠治　▽常議員会長＝川崎克　▽代議士会長＝池田忠雄　▽幹事長＝鶴見祐輔　▽政務調査会長＝太田正孝

このとき、島田俊雄のとりまとめた各派長老会合では、各派大同団結の前提として、長老級の第一線引退が申合されたのが特徴的であった。大麻が得意の寝業を発揮し得るチャンスはなかった。そしてやがて公職追放令により彼は二十六年八月解除されるまでの政治生活の空白時代を迎えた。解除後の彼は松村謙三らと「新政クラブ」を作り、旧民政党の流れをくむ国民民主党に接近、これと合流して改進党に入った。

**重光擁立の成功**

改進党はその内部の複雑な派閥関係より結党の際党首を決定出来なかった。下馬評にあがった総裁候補には、一時最有力視された石黒忠篤はじめ、芦田均、村田省蔵、一万田尚登、北村徳太郎、三木武夫、鶴見祐輔らの顔ぶれがあったが、結局重光に決定した。大麻はこの重光のかつぎ出しに暗躍、これが成功すると、重光の側近参謀に納まって改進党「主流派」の長老となった。ついで彼の本格的な〝寝業〟が発揮されたのは鳩山民主党結成の端緒を作ったことだ。

## 鳩山・重光会議の膳立

鳩山民主党の結成は、二十八年九月十九日の音羽鳩山邸での鳩山・重光会談で実際上スタートをもったものだが、これに先立ち、大麻は、東京麻布の石橋正二郎（ブリヂストン社長）邸で秘かに鳩山と会談し、鳩山・重光握手のお膳立てをしていた。この工作の表舞台には、岸信介、石橋湛山らが派手に動き、九月十九日の音羽会談にも立合ったのは岸、石橋、松村、三木（武吉）で、大麻は表面に出ていなかった。がこの工作の功で、第一次鳩山内閣には、国務大臣として入閣したし、以来死去まで、彼は鳩山側近の参謀然と構えていた。かつて翼賛政治のチャンピオンとして、反軍反戦の鳩山にとっては恐らく唾したくなるような男だったのだろうが、晩年の大麻と鳩山とは意外に気が合うらしく、膝を交えて風流話を楽しむこともあったそうだ。

次の政局の展開する場面、自由、民主の保守大合同の際には、三木武吉―大野伴睦ラインに主導権をとられたことから、彼は三木武夫、松村謙三ら旧改進党系領袖とともに、きわめて消極的な態度をとった。このため、政界での彼の地位には陽がかげりかけた。

## 岸擁立へ

さらに鳩山が引退、後継総裁争奪劇の幕が切って落されるや、石橋湛山、石井光次郎の両候補に深いつながりのない彼は、東条内閣で一緒に閣僚であった岸信介をかついだ。この頃の大麻の楽屋裏での活躍はめざましかった。岸から大麻に多額の軍資金が流れたとの噂がさかんだったのも当時のことだ。

この頃から岸はじめ川島、南条といった岸派幹部と大麻派の間に「十一日会」という会合が持たれ、最近に至るまで、毎月十一日に集まっていた。会合場所には、大麻の愛妾が経営する待合「秀花」が多く使われていた。

大麻晩年の懸命の努力にもかかわらず、岸は七票差で敗れた。彼は石橋の不遇な退陣の結果としての、岸政権の出現を見ず、敗北感の中で世を去って行った。彼の長い政治生涯の最後は余り明るくなかった。

**下り坂の大麻派**

後に残された子分たちは、十一日会を拠点に、岸陣営に流れ込み、小グループを成していたが、親分大麻の歿後は何かとめぐり合わせがよくない。真鍋儀十、山本粂吉がまず売春汚職にひっかかり、三十三年五月の総選挙では、真鍋、山本をはじめ現職法相だった唐沢俊樹、前運輸相の宮沢胤勇、中村庸一郎、野田武夫（同選挙区の山本正一の辞職で繰上当選となったが）と片端から落選し、今では政界表舞台から影を消した形である。かつて大麻系だった浜野清吾は、故砂田重政の一門に入った後、今では岸陣営の一角に住み、一時大麻派と呼ばれた園田直は、原隊北村派に復帰し、今では河野陣営に属している。同様大森玉木も完全に河野派所属となっている。これらの人はいずれも民政党系で政治経歴は比較的古いが、園田のほかは、今後の命運は余り恵まれていないようだ。

# 第十章　元首相の限界（芦田派）

**芦田派の限界**

日本民主党総裁として、一度は政権をとりながら、ついに今日まで彼は満足な派閥を作り得なかった。今保守党内で彼の行動はどんな場面が展開しようと、ほとんど政局を左右することは困難だろう。というのは、「芦田派」というひとつの政治勢力の単位はほとんど存在しないといった方が正確だからである。

何故かつての首相という肩書と、当選十一回という鳩山一郎、星島二郎（何れも十五回）に次ぐ最高の議会経歴を持ちながら、領袖としての力がこんなにも薄弱なのか。

その理由は、第一には昭電事件連坐という苦難時代があったこと、第二に豊富な資金源を持たないこと、第三に元首相の肩書に禍され、党中央の要職や政府の要職に坐れなく、政界第一線に占める場所が与えられずに来たことなどがあげられようが、第四にひややかな、非妥協的なかつ陰気な性格、政党生活の長さに比し、一向に抜けきらぬ官僚臭、そのために多くの場面で必要以上に敵を作り、強力な同盟勢力を持ち得なかったことが、彼の政界での進路に、決定的な障害になっているようだ。

今日強いて〝芦田派〟の顔ぶれをいえば数人を数えられようが、しかし芦田と行動を共にする子分としては、恐らく志賀健次郎唯一人に過ぎないのではあるまいか。

すでに小島徹三、有田喜一（落選中）、床次徳二は、岸派に数えられ、高瀬伝の動きも複雑で、山本利寿（三十三年五月で落選の後参院地方区補選で当選）も最近では「一万田派」に走ったといわれる。

## 孤立化の四つの理由

まず昭電事件連坐という受難は、その後無罪が確定しており、ここでは詳述を省くが、同じ昭電事件で逮捕された大野伴睦が、忽ちに立ち上り、今日四十余名の大派閥の領袖となっているのにくらべると、政治家としての底力の弱さ、人間的魅力の欠点が考えられはしないだろうか。

次に資金源の貧困さについては、かつては炭鉱主の西田隆男（参議院議員、元労相）がドル箱だといわれていたが、その供給額にも限界があり、実業界に対し広い顔がないためすでに涸渇し、兵を養うに足る糧秣弾薬に事欠いているらしい。

第三に、元首相の肩書が、今となっては、彼の政治活動の場をきわめて狭くしている。半年に一人あて総理大臣を製造しているフランスのように政権交代の激しい国ならば、元首相が平閣僚になろうと不思議はないが、比較的政局の安定している日本では、首相の価値はきわめて高価で、もし平閣僚にでも身を落そうものなら恥知らず扱いにされてしまうだろう。

戦前の日本ならば、首相の前歴者は、子爵、伯爵といった爵位をおくられたうえ、元老の地位を得て、依然政界に強大な発言権を確保できただろうが、戦後日本の政界では、首相の椅子に一度坐れば、行く先は楢山だけといっても過言ではあるまい。三十三年五月総選挙の後で、芦田は星島とともに、衆議院議長の有力候補にあげられたが、「元首相が議長に身を落すとは情けない話だ」といった評判が立ったほどだ。官尊民卑の国日本では、由来立法府の最高位も、行政府の長たる首相の地位より、はるかに相場が安いのである。

衆議院議長の下馬評に対してすら、このとおりであるから、かりに芦田が、幹事長とか閣僚の椅子に坐ろうとしたなら、世評のきびしさは想像に余りある。こうなると、彼の前途には坐るべき椅子はない。政務について発言すべき場所がないということになる。これは派閥を作る必要条件のひとつを欠くことを意味している。

三十三年総選挙の前までは、彼は自民党の外交調査会長の椅子を占めていた。妥協性のない彼は、元外相で外交界の長老だという自負も手伝って、ことごとに政府の外交政策にケチをつけた。これは素人外交の藤山外務大臣にとって目の上のタンコブのような気持を与えた。「芦田議長説」を唱えた者の中には、その理由のひとつに、藤山外交をやりやすくするために、外交調査会長の芦田を議長に棚上げした方がよいということをあげ、これを岸首相に進言した人すらいた。結局は彼は議長も外交調査会長も共に棚上げされてしまった。

最後に、彼の領袖たることを阻んでいる冷たい、非妥協的な性格についてのべなければならない。

彼の非妥協的な性格は、一面、戦時中の彼の政治節操、叛骨ともいうべきものとなって表われた。政党人が次々に軍部の圧力に屈し、政党を売り渡し、翼賛体制におぼれて行ったときに、彼は鳩山一郎、三木武吉らとともに、自由主義・議会主義、反軍の立場を貫き、翼賛選挙では「非推薦」の列に入った。このため、戦後も追放の憂き目をみず、きわめて有利な地歩を得た。

## 幣原内閣への入閣

戦後政界での芦田の出足は非常に早かった。終戦の年の八月十一日には、芦田は軽井沢の別荘に鳩山一郎を訪問、ポツダム宣言受諾による降伏確実の情報をもたらし、新党運動の構想につき話合っている。八月十五日には安藤正純、植原悦二郎、矢野庄太郎、楢橋渡、河野一郎、星島二郎、北昤吉、牧野良三らと銀座の交詢社で会合し、新党工作の第一歩につき話合っている。出足はよかったが、次の曲り角で道を誤まった。右の同志の期待を裏切って単独で幣原内閣に入閣してしまったことだ。鳩山一派は幣原内閣に攻撃の鋒先を向けているのに、いわば敵陣の参謀になってしまったのでは話にならない。

## 河野一郎との対立自由党からの脱党

しかも幣原内閣の閣僚になりながら、彼は自由党の幹事長の椅子を望んだ。そして三木武吉の反対で、その椅子を河野一郎に奪われた。もちろん当時芦田は河野の幹事長就任には最後まで反対した。次に、鳩山が追放され、後任総裁が論議されたときもまた、彼は自由党総裁の椅子がころがりこんでくるのを期待した。安藤正純や牧野良三は芦田を推した。これも三木武吉の反対でおしつぶされた。芦田はこれで三木、河野を腹の底から憎むようになった。三木・河野のやり方も傍若無人だったかも知れないが、芦田の方も忍耐力を欠いた。三木・河野憎さの余り、二十二年三月彼は矢野庄太郎らとともに自由党をとび出し、幣原の進歩党に合流、民主党の結党に参加してしまった。

### 幣原との対立

民主党に入るや、今度は彼は幣原と対立した。この対立は、片山哲を首班とする社会、民主、国協三党連立内閣の組閣の前後に極度に深刻化した。二十二年五月には、芦田は民主党の総裁になり、幣原を名誉総裁にまつりあげた。この年の秋深くなって、炭鉱国管問題が起るや芦田派対幣原派の対立は破局に来た。十一月十一日芦田派は議員総会で強引に幣原派を押し切り、国管賛成の党議を決し、同月二十五日の衆議院会議で幣原派は国管に反対投票をしたため、ついに分裂、幣原派十三名は民主党を脱党し、「同志クラブ」を作った。幣原派は翌二十三年三月には自由党に合流、「民主自由党」を作って、幣原は吉田総裁のもとで最高顧問に就任した。

幣原は芦田にヒサシを貸して、オモヤをとられたようなものだったが、幣原を追い出し政権までとっていい気持になっていた芦田は間もなく昭電事件で失脚してしまった。

### 犬養健との対立

芦田失脚後、後継総裁には犬養健がえらばれた。民主党はこの後ふたたび民主自由党との連立問題で連立派（犬養中心）と野党派が対立、芦田は二十四年二月十七日、犬養派から離党勧告をつきつけられている。民主党はこの後、犬養一派の連立派の脱党で、国協党と合同、国民民主党に衣変えしたが、三木武夫一派の革新主義者を迎え、ようやく芦田の出る幕は少くなった。

二十九年秋吉田内閣の末期に入って新党運動で終局に近づいたころ、芦田は民主党との交渉の前線に立ち、十月二十日の新党準備会の拡大大会では、鳩山一郎、金光庸夫、石橋湛山、岸信介と並んで代表委員に択ばれさえした。ところが、ここでもまた芦田は影で動いた三木武吉、河野一郎に、イニシアチブを奪われ、トンビに油揚げをさらわれた思いをさせられた。まさに歴史は繰返したわけだ。

**領袖の条件の欠如**

以来芦田は一向に芽が出ない。これまでの間芦田は、事あるごとに敵を作り、仲間を失って行った。彼の身辺には、大野伴睦がもつ熱い人情味も漂っていなければ、三木武吉のもつ闘志のこもった策略もなく、鳩山や石橋のような、どこか底の抜けたような人の好さもない。領袖として必要な人間的なアジがまったく欠如しているのだ。これこそが、彼が日を追って子分を失い、芦田派という派閥が影を薄くして行く理由のようである。

# 第十一章　革新派青年将校団（北村派）

**保守の中の革新**

保守党が、文字通り保守的である限り、保守党に発展はない。保守党が永く命を保つ方法は、官憲の圧力で社会の革新化をおさえるか、あるいは自ら脱皮を続け、進歩への道を歩くか、二つしかない。

保守党は、前篇第三章で述べたように、緩慢ながら年々得票率を減らしており、革新派は年々得票数を増している。保守党の支持票は中年老人層及び地方農漁村の知識のおくれた層に多く、革新政党が組織労働者、都会サラリーマン、知識層に多いことは各種の統計が示しているが、このことは、全国的な知識化が進めば進むほど、保守党が後退するものであることを物語っている。さらに毎年新たに選挙権を獲得する青年は約百万で、その七割前後が革新党支持者であり、逆に保守党支持の多い老人層は年々世を去って行く以上、少くとも従来の統計によって予想すれば、保守党の将来はジリ貧だということになる。

かといって保守党も黙ってジリ貧を待っているわけではない。医療保険の拡大とか、国民年金制度の新設とか、庶民住宅の建設など、進歩的な社会保障政策をどしどし実施することによって、社会主義に対抗し、着々成果を納めているが、それでも総体的にみると、保守票の漸減は事実である。

そこに三木武夫、松村謙三らの第三党思想の生れる理由がある。かつて造船汚職で吉田政権下の自由党が、国民世論のきびしい批判を受けて、総選挙で議席を激減したとき、比較的進歩的政策をかかげて出た鳩山民主党が失われた自由党票を大量に獲得して、保守票が革新陣営に流れ込むのを喰いとめ得た。この時もし民主党の存在がなく、保守が一本化していれば、造船汚職に対するきびしい批判は、そのまま保守党票が革新陣営に大量に流出する結果を生んだだろう。第三党論には、保守革新化の思想とともに、保守二大政党による政権交替という便宜的な考え方も混在している。

こうした便宜思想はここではおいて、保守党内の革新思想の生れ出る過程と、今日の保守党内の革新派グループに目を向けてみよう。

## 「青年将校」の由来

終戦直後結党された進歩党は、前に述べて来たように、旧日政会勢力、すなわち翼賛政治家のグループによって作られた。その限りで、進歩党は多分に反動的要素を持っていた。しかしこの進歩党には、旧政友会が自由党の主流を占めたように、旧民政党系が主流をなしていた関係から、旧民政党の地盤に乗って出た新人も含まれていた。

この進歩党に、「新進会」というグループがあった。古手翼賛政治家にあきたらぬとする新進代議士のインテリ・グループが、当時総務会長であった犬養健を中心に集まっていたもので、川崎秀二、中曾根康弘、椎熊三郎、山下春江、桜内義雄、北村徳太郎らの顔ぶれが並んでいた。

進歩党は、自由党から芦田均ら、国協党から林平馬らの脱党者を迎え、「日本民主党」に衣替えしたが、その後まもなく、この新進会のリーダー犬養健が、公職追放を受け、失脚してしまった。そして日本民主党の内部では、最高顧問だった幣原喜重郎、最高委員だった芦田均との間の冷たい戦争が始まり、総裁争いとなって熱戦化した。

新進会は芦田を擁立して、幣原派と対立し、代議士会その他の党機関ではげしい行動を起し、ドタ靴ばきで首相官邸にデモをかけるといった勇ましさを発揮した。その行動の激烈さから、党内で誰いうこともなしに、「青年将校」とのニック・ネームがついた。二・二六、五・一五事件など叛乱軍の青年将校になぞらえられたのである。このグループは、すでにリーダーの犬養を公職追放により失っていたため、年長と学識のうえから、北村徳太郎を代表格にえらんだ。これが「北村派」の芽生えである。

## 芦田の勝利と幣原派の脱党

幣原・芦田の総裁争いを調整するために、党内に総裁選考委員会が作られた。その構成メンバーは芦田派の芦田均、北村徳太郎、長尾達生、幣原派が斎藤隆夫、一松定吉、田中万逸の合計六人だった。この構成では三対三でいつまでたっても結論が出なかったのだが、そのうちに一松が寝返り、芦田擁立にまわったため、四対二で芦田が勝利することになった。一松はこの転向のために、党内から「二松」だとの批評を受けた。この戦いは戦前派の古手と、戦後派のインテリ分子との闘争でもあった。

もとより、この敗北に不満な幣原一派は、党主流の芦田陣営に絶えず反攻を狙った。その爆発点が炭鉱国家管理問題であった。結果は、幣原派田中角栄、根本竜太郎ら十三名が脱党し、後に自由党と合流して、民主自由党が生れたのだが、その経緯は第十章にも述べておいた。
この時に至る幣原派との戦いで、芦田を助けた論功行賞の結果、北村徳太郎が蔵相に起用され、青年将校団の意気大いにあがって、「北村派」という派閥の基礎がかたまった。しかし間もなく昭電事件で芦田が失脚、以来改進党時代までの長い冷飯時代が続く。

**犬養派との闘争**

片山—芦田政権の時代を通じ民主党と国協党との提携が進んだ結果、両党は合同し、国民民主党が生れた。一方追放されていた犬養健が、追放解除になり、復活して来た。新進会のリーダーだった犬養は、復活後はかつて自分を擁立した革新派グループに攻撃される立場に廻った。皮肉な歴史のめぐり合せだった。時代が進み、終戦直後の保守党内の進歩的インテリの代表格だった犬養も、革新派の若手議員の目には、旧時代の古手としか映らなくなったのであろう。がこの時の戦いは、革新派の敗北に終った。国協党から来た三木武夫一派と、進歩党以来の北村徳太郎一派との間に総裁問題で北村、三木の何れかに候補を一本にしぼる調整が続けられたが、それが出来ず、便宜的に楢橋渡を立てて犬養と争い、犬養に敗けたのである。この時が、三木派と北村派との間にシコリの出来た第一回目の事件である。
この総裁争いで勝利したとはいうものの、犬養は後に、民自党との合同を策して吉田と通じた結果国民民主党を脱党、民自党内の幣原・大野両派の反対で、しばらくはただ一人無所属席で孤立していなければならなかったから、結局は革新派の勝利だったといえるかも知れない。

### 追放解除組との戦い

大麻・松村ら戦前派の追放解除による復活と、これらの人々の合流の結果は、改進党の結成、重光葵の総裁就任となった。絶えず旧勢力と戦って来た革新派の青年将校は、この追放解除組ともまた戦うことになった。

さすが寝業師の大麻唯男は、三木幹事長を退陣させて、川崎秀二を幹事長とする懐柔案を、北村派に提案して来た。三木派と北村派は、その発生の過程こそ進歩党と国協党とに違えているが、革新的な保守党を作ろうとする点では、共通の思想と情熱を持っているはずであり、またこの両派が結束すれば、党内の保守派にとっては大きな脅威となるものだった。寝業師大麻は、この両派の結束に水をさすべく「川崎幹事長案」を提案した。

「分割統治」Divide and rule という、ローマ以来の政治謀略の鉄則を活用したわけだ。

もちろん三木は幹事長をゆずろうとはしなかった。これが三木派・北村派にヒビの入る二度目の事件となった。

### 平和・安保両条約と北村派の行動

政治家の行動は、いうまでもなく、政策を基調とすべきものである。外交政策のような基本的な政策思想で、党主流と対立した場合、分派行動をとろうと、それは止むを得まい。いわんや、国家百年の大計となるべき、国の独立に関する問題、すなわち一九五一年の第十二国会における平和条約及び安保条約の審議の際に、政治家が自己の信念をまげぬため、かりに党議にさからったとして、むしろそれは当然のことである。

北村派の青年将校グループの、思想的な特色は、この独立問題に関して顕著に表われた。その吉田政権に対する果敢な戦いも、その思想的基礎は、この独立問題に対する確信におかれていた。今日では、この平和条約、安保条約が、日本の完全独立の癌になっていることは、多くの人の知るところであり、第十二国会における保守党内の北村派の行動は、その意味で、政党史上永く記憶されることになろう。

北村派は、平和条約に対しては、特に沖縄等に対する領土権を主張して反対、安保条約に対しては、その期限及び占領地域の明示を要求し、独立後までその交渉及び締結を延期すべきことを主張した。

その結果、十月二十六日の衆議院本会議の両条約採決の際、北村派の中で、園田直は、小林信一、石田一松の二人と共に、投票前に離党届を出して、両条約に反対の投票を行い、稲葉修は、平和条約賛成、安保条約反対の投票を行ない、両条約反対を唱えて注目されていた北村徳太郎は欠席、中曾根康弘も両条約に対して棄権した。(なお園田直ら三名は、同年十二月八日の臨時党大会の際に復党した。)

### 北村派と河野一郎との接近

この事件後特に、北村派は党内左派といわれ、民族主義的、革新主義的色彩を一層強め、吉田政権に対する抵抗もはげしくなって行った。一方自由党に復党せず、日本自由党を作って立て籠り、反吉田闘争を続けていた三木武吉、河野一郎らと北村派の接近が始まった。

自由・改進両保守党内に、保守合同の機運が高まった頃、改進党内に自由党緒方派の潜在勢力といわれる町村金五ら一派の動きがあった。この「潜在勢力」ともっとも強硬に改進党内で戦ったのが、北村派であり、他方三木、河野らがもっとも頼りにしたのも北村派であった。

やがて鳩山を党首とする民主党を作り、鳩山政権をうちたてたその主導力は、三木・河野グループと北村派の提携にあった。松村謙三、三木武夫らはこの時、北村派にひきずられた感じであった。この両勢力は、保守合同後は旧自由党の吉田残存勢力と戦って、日ソ交渉を乗り切り、民族独立の一歩を進めた。この際三木・松村派は、日ソ交渉に対しては、本来賛成のはずであったが、池田派、石井派などとの政略的接近のため、あいまいな態度をとり続けた。

鳩山首相の引退、三木武吉の死去の結果、河野派と北村派の提携は一層強まり、「春秋会」を作った。その狙いは、吉田―池田ラインを中心とする党内の官僚勢力に対抗して、民衆的民族勢力を作ろうとすることにあった。河野一郎の行動力と、北村徳太郎の知性との結合であった。

春秋会の中心となっている推進力は、河野直系の重政誠之、森清、北村派の中曾根康弘、桜内義雄らである。重政・森に対しては、側近的行き過ぎを非難する声があり、その行動の動機が政策より謀略の色合いが強すぎるといわれている。中曾根・桜内は、政策、理論を中心に行動を起そうとしており、春秋会の「政策派閥」化に大きな役割を演じている。

## 保守党の生命力

三十一年末の総裁公選に際し、北村派に分裂が起ったことがある。公選の前日まで、同派は徹宵の論議をした。筆者は偶然その会合に列して、論議のさまを目撃したことがあったが、そこには青年の熱情の爆発というものが感じられた。寝業など、しようにも出来ない激情があった。確かに青年将校であり、その情熱が保守党革新の主導力となり得るものだと思った。川崎秀二などは激情の余り、大声をあげて泣き出したほどであった。

その論議の結果は一致せず、岸勢力の官僚性を警戒する川崎秀二、中曾根康弘、宇都宮徳馬らは石橋に投票し、河野との同調を主張する稲葉修、桜内義雄らは岸に投票した。

これに先立って、北村徳太郎、宇都宮徳馬、中曾根康弘らは、保守党内の党人派の結束をはかるため、大野伴睦と接近していた。彼らの思想は、大野伴睦、河野一郎、石橋湛山、三木武吉、松村謙三といった純粋な党人派を一本に結束させ、党内の官僚勢力と対抗しようというのだったが、その努力はついに成功しなかった。

川崎秀二は、北村派と河野派の提携の結果鳩山政権をうちたてた論功行賞として、河野一郎によって、第二次鳩山内閣の厚相になったのであるが、総裁公選以来、三木・松村派に深入りし、春秋会と縁を切ってしまった。中曾根は公選では行動を別にしたが、河野派との提携を続け、春秋会の中心分子となっており、今では重政誠之と並んで、春秋会の次期入閣序列の筆頭に位置している。宇都宮徳馬は、公選問題以来、大野との関係を深め、今も大野・石橋・北村の党人ラインの結束への努力を続け、他面保守党革新化への理論家として動いている。

北村派という名の「革新派青年将校」のグループは、保守党が一般に欠いているものを持っている。これからの保守党の生命力はこうした若手議員の政治的エネルギーの中からしか期待できないのではなかろうか。

# 第十二章　新興派閥群

## 政治の賭博性

政治は賭博である。危険な投企である。領袖間の合従連衡が一種の投企であるとともに、陣笠がどの株を買うか、すなわちどの領袖をえらぶかも、ひとつのギャンブルである。政治家はその出発点から、ギャンブルを強いられる。選挙がそれだ。地盤、看板、カバンの三バンが当落を決定するといっても、通常選挙は正確な予測を越えた結果を出し勝ちである。さればこそ、現職首相（浜口雄幸）や前首相（片山哲）が落選したこともあり、閣僚で落選するなどはさして異とするに足らぬほどである（最近では岸内閣の唐沢法相、鳩山内閣の武知郵政相、吉田内閣の林屋国務相）。いわんや陣笠代議士の当落を支配する賭博性は、一般の想像以上である。

選挙に多額の金を費すのも、当選したのち官職、利権など、元をとって余りある利潤を生むための投企であり、この投企に失敗すれば、元も子もなくしてしまう。筆者らもこうして投企に失敗し、政界の片隅を物乞同様にして歩いている元代議士などを、しばしばみかけるにつけ、政界進出の狙いが持つ危険な投企性をしみじみ痛感するものである。

これまでの各章で語られて来たように、陣笠は有力な領袖をつかまなければ、政界で陽の当る場所に出ることは出来ない。が領袖はすでに多数の子分を擁し、入閣その他の猟官に関しては、たいていの派閥ではその内部の序列が定まっている。そこに既成派閥に見切りをつけ、新興派閥、いやこれから新しい派閥を作り得る見込みのある人物——領袖に従属しようという陣笠が現われる理由がある。だがこれは、兜町で株を買うよりも危険な投企である。というのはその領袖が果して有力な領袖になり得るか、どうか、政界での領袖の運命くらい予測の困難なものはないからである。

三十一年末の、自民党総裁公選などは、全保守党議員にとっての深刻なギャンブルの場所であった。結果は七票という僅少差。岸対石橋、石井連合の何れが勝つかは、双方とも開票が終るまで予想出来ず、カタズをのんで待ったものだ。ある議員は私財をなげうって、特定の候補に運動資金をつぎこんだ。ある議員は積年の義理をふりきって、親分を乗り替えた。多くの議員はどっちの株を買って良いかわからず、右往左往した。

石橋が勝った。僅か十余人の派閥の領袖をかついだ石橋の運動員たちは、大穴をあてたのだ。一挙に政界の陽の当る場所に出た思いをした。が三ケ月の後、石橋は病気で倒れ、幸運の星は岸信介の頭上に輝いた。石橋の退陣を神より外に誰がその三ケ月前に予想し得たか。岸株を買ったものは、思わぬ偶然に笑いが止まらなかった。

この一例によるだけでなく、政界人にとって、運命の星は、いつ輝き、いつ消えるのか、どんな時でも予想は出来ない。

ある智恵者は、特定の領袖に仕えたら、預金を定期に入れたような思いで、世の来るのを待て……とさとすかも知れない。が年六分くらいの利子を得るためには、何も政界に入る必要はないのだ。政界に入る以上は、誰でもカラ株の売買をしても、投資の何十倍という巨利を狙っているのである。そこに政界での、人間のつながり、義理人情の紙のように薄い原因がある。

かつて広川が吉田に叛いたとき、彼は鳩山・三木と結ぶことで、吉田政権下で得た以上の栄華を作り出し得ると信じたであろう。少くとも、吉田政権下で、当時の新興領袖、緒方の風下に位置するよりは、明るい陽が当り、暖かい風が吹くと、算盤をはじいたことであろう。その結果は、今や周知のとおり、落選のきびしい風が吹き、暗い没落の道を歩かねばならなかった。彼の投企は外れたのである。

一度政権の座を夢みた山崎猛と、その一派も、危険な賭博席に坐ったわけだ。一夜明けて、その夢は破れ、山崎は議員を退職し、その一派は離散した。丁と張ったのに、賽の目は半と出たのである。

領袖が一派を作り、これを維持するのも、投企である。一派を維持するには、今日の金で年額数千万円はかかるだろう。総選挙ともなれば、この額はもっとかさむのである。これは、場合によっては一種の捨金になる。しかし、湯水のように子分に政治資金を流さなければ、派閥を維持することは出来ない。それだけ資金の投資を続けることは、いつかはその投資金の何倍、何十倍もの利潤がもどってくること、すなわち政権がころがりこんでくることをあてこんでのうえである。

陣笠の領袖に対する〝忠誠〟も、これを、裏返せば〝裏切り〟と同様に、一種の賭博たるを失わない。その忠誠が、長いこと報いられないことがある、すなわち利潤を生まないことがある。しかし風の吹きまわしで、一度その領袖が陽の目を見れば、その忠誠に対する莫大な利潤が保証される。もとより、報いられることなく、すなわちその利潤を享受することなく生涯を終える政治家の数も少なくないのであるが。

さて我々は以上の各章の中で、現在の保守党を織りなしている十箇の派閥が、どのような政治環境の中で芽生え、どのようにして形成されて来たか、十人の領袖がいかにしてその地歩を築き、配下の議員をまとめあげて来たかについて見て来た。その間、滅び去ったいくつかの派閥と何人かの領袖の運命にも触れて来た。以下、最後の章では、これから新たに作られようとする派閥、将来の派閥についてそして政界という賭場にいよいよ足を踏み入れようとしている領袖についてふれてみたいと思う。

## 賀屋派の胎動

岸政権はどうやら、長期政権化しそうである。岸首相の自民党総裁としての任期は、昭和三十四年二月できれるが、総裁公選で岸を破り得る候補は、今のところ考えられない。従って岸の後継政権については、目下さし迫った問題ではない。しかし、ひとつの政権が四年も五年も続くことは、吉田のような占領軍をバックにした政権でもない限り困難である。岸首相も、自分の政権が行き詰った場合の後継者については、ひそかに思いめぐらしていることがあるだろう。目下のところその後継者は一説には藤山愛一郎だといい、一説は佐藤栄作だという。しかし藤山の登場する前に、岸の後継者は賀屋興宣ではないか――という臆測が広く政界に流れたことがあった。

賀屋は東条内閣で大蔵大臣だった。この同じ内閣に重光葵（外相）、井野碩哉（農相）、岸信介（商相）、大麻唯男（国務省）、五島慶太（運輸通信相）らがいた。賀屋はこの頃から岸と親しかったし、戦後も緊密な連絡をとっていた。賀屋が政界にカム・バックしようとしたとき、すでに岸内閣の有力蔵相候補と目された。そんないきさつから、岸は賀屋を後継者と考えているのではないかとの臆測が生れたものだ。

賀屋は、まだ政界に議席も持たないのにすでに「賀屋派」といわれる十人内外の派閥を擁していた。この派閥を維持する軍資金は、これも東条内閣の同じ閣僚であった東急の五島慶太から主として供給されている。

賀屋派を作りあげた側近の第一号は林唯義である。林は戦時中近衛文麿のブレインの一人で、情報通として聞えていた。林は岸派であるが、反河野色が著しく濃く、岸が河野と提携することを極度に嫌った。

賀屋は大蔵官僚陣の、今も大御所である。大蔵省の池田勇人閥をおさえ得るのは賀屋だけだといわれているほどだ。が賀屋は池田を高く買っており、池田と親しく、岸・佐藤が池田と協力すべきことを常々考えている。その意味で、保守党内の官僚陣営の黒幕でもある。林唯義は、官僚出身ではないが、反河野の立場から、賀屋のこの構想を推進しようとして、活潑に動いている。

林のほか、賀屋の周辺にいるのは、薄田美潮（内務官僚）、愛知揆一（大蔵官僚）、植木庚子郎（大蔵官僚）、大村清一（内務官僚＝落選中）のように圧倒的に大蔵・内務官僚が多いのが特徴的である。

賀屋の思想はきわめて右翼的であり、岸信介ほどソツなく戦後の民主主義のオブラートにこれを包むことが出来ない。だから今も神ながらの道の筧葛彦を最も尊敬すると公言したりする。しかし人柄は巣鴨時代の苦労もあってか温厚で包容力もあり、その豊富な資金源と相俟って、領袖たるの条件は備えている。

新興派閥の勢力増大は既成派閥の切り崩し以外にはあり得ない。賀屋派は、この意味で岸派と佐藤派を母胎としている。薄田、愛知、植木らは佐藤派（愛知・植木は元来は大蔵省出身の関係で池田派であった）であり、林、大村は岸派であった。最近は、賀屋の郷里広島を選挙区とする関係で、永山忠則が大野派を離脱して賀屋派に加わった。松本俊一が賀屋に接近したのも、広島選出である理由だけで、「賀屋派」に数えるには至らないようだ。岸派の高橋禎一も選挙区が広島である関係から、最近は賀屋派に入っている。

現在の政界は、賀屋派の思惑とは異なって、岸・佐藤兄弟派は、ますます池田派との関係を悪化し大野・河野の党人派と提携をかためており、賀屋が政局の新たな展開の主導権をとって躍り出る舞台の幕は、なお当分開かれないようだ。賀屋も戦犯の印象がまだ完全に消えさらない関係からも、「出る釘は打たれる」愚をおかすまいと、雌伏の構えをとっており、当分時期を待つことになろう。彼は、官僚陣だけで小さく固まることも避けようと考えており、党人派の巨頭大野伴睦との接近も考慮し、最近に至るまで、何回か、東京高輪の大野伴睦邸を訪問している。

一般に既成派閥は新興派閥の出現を警戒しているから、賀屋派が脚光を浴びるのも、よほど政局が激動するチャンスでなければだめだろう。

## 一万田派の可能性

日銀法王といわれた一万田尚登が故三木武吉の工作で、政界に乗り出し、鳩山内閣の蔵相の椅子についた時は、鳩山の後継者は一万田だとの見方があった。そうした見方が、いつの間にか消えて行ったのは、一万田かつぎ出しの立役者だつた三木武吉が死去したこと、一万田が一般に予想されたほど、政治資金を集め、かつばらまかなかったこと、法王時代が長かったため大衆政治家的印象が薄かったことが主な原因である。

現在、一万田派の勢力増大を不利にしていることは、第二次岸内閣で、大野伴睦と河野一郎が強く留任を主張したにもかかわらず、自派の政治資金源確保を狙って岸が実弟佐藤の蔵相起用を断行したため、ついに蔵相の地位を退陣させられたこと。次に三十三年五月の総選挙で、一万田系に属していた斎藤憲三、笹本一雄、首藤新八、山本利寿らが落選（山本は参議院地方区補欠選挙で間もなく返り咲いたが）し、数的に減少したことである。その結果、一万田の側近は、山手満男、秋田大助、白井勇（参議院）らで、他に千葉三郎、早川崇、佐藤虎次郎らが接近しているが、他派との二重国籍者が多いことが、一万田派を目下のところ強力化しない理由となっている。

しかし一万田の、今後の領袖としての可能性は、①財界での広い〝顔〟、②金融界出身にしては進歩的な経済政策の持主であり、財政・金融に関する明るさでは、保守党のトップ・ランクにあること、③政界に敵が少ないこと――などにあり、これからの在野時代に、いかにして兵を養い、大衆政治家に脱皮するかが、領袖としての彼の命運を決定することになるだろう。彼の今後の発展の可能性は、やはり政局の激動する舞台が廻って来たとき、たとえば第三党の生れるようなケースの出て来るときに考えられよう。

藤山愛一郎と同様に、政界に登場した彼はハンカチであった。雑巾となる努力が必要であろう。彼はかつて三度にわたり政界に大きく地歩をかためるチャンスを逸している。一度目は日銀総裁時代、彼が大分から総選挙に出馬しようとしたのを、GHQ某高官が、金融政策の動揺を恐れて、これを思い留まらせたこと。この時議席を占めていれば、彼は今ごろ既成派閥の領袖となっていただろう。

二度目は、改進党が発足した際総裁の内交渉を受けたときである。この時彼がもっと乗気で工作していれば、改進党総裁になったかも知れない。そうすれば、風の吹きめぐり方によっては、政権への至近距離を歩けたかも知れない。

三度目は、鳩山政権下三木武吉との深い交渉があったとき、出来る限りの軍資金を動員して、兵を養っていれば、石井・石橋を圧するほどの一派を成し得たであろう。

金融マンの彼は、ギャンブルを嫌った。賭場に坐らなかった彼に、賽の目は丁とも半とも出ようがなかったのである。

**藤山派の勃興**

一万田は政界二年生(二回当選)であり、賀屋、藤山に至ってはまだ一年生であるにもかかわらず、一派の領袖である理由は、何といってもその資金力である。同じ資金力といっても、一万田、賀屋の場合は、それぞれ日銀総裁、大蔵大臣時代に作った財界に対する「顔」の力であり、財界から資金を作り出す能力なのだが、藤山の場合は、父君藤山雷太の二代目としての莫大な遺産相続人であり、政界から期待されているその資金力とは、彼の個人財産である。そこに彼の逞しさを欠いた、一種の頼りなさがある。ある政治評論家から、一体ハンカチが雑巾になれるか——との疑問を提出され、世間の話題になったのも、そのためである。

さらに、これら新興派閥の領袖に共通の弱味となっている点は、党人としての年季がないこと、党務の経験がないことである。

藤山の外相としての手腕は、あまり良いものではない。彼は最近「近く党務に廻りたい」と洩らし幹事長か総務会長の椅子を考えているらしいが、金力だけで、党歴もないのに党三役のような重要なポストに簡単に廻れるように考えている点など、まさに「ハンカチ」である。

そうした弱点にかかわらず、「藤山派」という派閥が、新興派閥としてイキが良いのは、最近彼の下に走りつつある顔ぶれによる。すなわち、大野派から行った江崎真澄は、衆議院の議院運営委員長であり、吉田側近で官房長官だった福永健司は、党の全国組織委員長であり、長い間中間派であった小沢佐重喜も党務のベテランであるというように、屈強の党人行動派を擁していることは、ひとつの強味である。石井派の山崎巖、小林錡といった古手も、藤山派に出入りしている。

藤山は、戦時中から岸と親交があっただけでなく、戦後の岸の不遇時代、岸家の台所の世話をし、再建連盟には顧問に名を連ね、吉田全盛時代には、財界にあって岸と共に吉田ワンマン権力に抵抗を続け、去る三十一年末の総裁公選では岸に巨額の弾薬兵糧を供給した。岸はその義理から、彼を外相として迎え、第二次岸内閣では、全ての前閣僚を退陣させたのに、彼だけを留任させている。

岸政権が行き詰まったとき、ストレイトに岸が実弟の佐藤栄作にバトンを渡すことは、政界の良識が許すまいから、岸としては台所の共通している藤山にバトンを渡すだろうことは多分に考えられる。それが、岸がその政権の実質を保存し、再起する可能性を最も安全に残す方法だからである。が何といっても藤山には党歴が少ない。保守党内の古い党人たちが、この財界からの輸入候補を、総裁として直ちに認めるかどうかは多分に疑問である。

一体政党人が、党首を古い党人から、党内の領袖からえらぼうとせず、財界から輸入された新顔の先物買いに走り勝ちなのは、政党人自らの弱味をさらすものである。政党政治が強固な基盤を作り得ないゆえんである。

一方財界からの転入者も、政界の泥沼に出来るだけ身をよごさず、政権の最上層で宮廷的政治を楽しもうとする横着さも、政党政治を知らぬからである。

私は必しも既成派閥と、古手の領袖を擁護するものではない。新派閥の勃興と、新領袖の誕生は、よどんだ保守党に生活をあたえる可能性を持つものだ。が新領袖の待望が、政党政治の枠を少し踏みはずすと、かつて日本の政党が軍閥や官僚を党首としたがり、党外の権力に頭を垂れた誤ちを繰り返す結果になることを恐れるのである。政党はその生命力を、自己の内部に探り出さなければならないのである。

〔資料〕（1）

# 戦後保守党派閥抗争年譜

▽**日本進歩党の結成**（20・11・16）総裁町田忠治、幹事長鶴見祐輔。後に総裁幣原喜重郎。

▽**日本協同党の結成**（20・12・18）黒沢酉蔵、船田中、吉植庄亮らが中心。

▽**日本自由党の結成**（20・11・19）総裁鳩山一郎、幹事長河野一郎。

▽**国民協同党の結成**（22・3・8）書記長三木武夫。

▽**日本自由党の分裂と日本民主党の結成**　日本自由党の芦田均・矢野庄太郎ら十名が河野一郎らと対立、脱党。進歩党と合流して日本民主党を作った（22・3・31）。最高顧問幣原、最高委員斎藤隆夫、芦田均、一松定吉、木村小左衛門、犬養健、楢橋渡、河合良成。

▽**芦田・幣原の抗争と、幣原らの脱党**　日本民主党では芦田・幣原が総裁争いを演じ、一時芦田総裁、幣原名誉総裁、斎藤最高顧問がきまった（22・5・18）が、両派の抗争は続き、幣原は工藤鉄男、原健三郎、本間俊一らと脱党（22・11）、「民主クラブ」を作った。

▽**斎藤隆夫の脱党**　幣原に続き斎藤も脱党（23・3）、民自党に参加した。

▽**民主自由党の結成**（23・3・15）幣原・斎藤らの日本民主党脱党者が日本自由党に合流して、民主自由党を結成した。総裁吉田茂、最高顧問幣原喜重郎、総務会長斎藤隆夫、幹事長山崎猛。

▽**犬養健、日本民主党の総裁就任**（23・12・10）芦田派と犬養派の対立が深まり、昭電事件で芦田総裁は辞任（23・11・8）した。その後任として犬養は三木、北村派などの推す楢橋渡と争って勝ち、総裁に就任した。

▽**日本民主党の分裂**　吉田政権との連立問題で日本民主党は連立派（犬養健ら三十三名）と野党派（苫米地義三ら三十七名）に分裂（24・2・12）。

▽**自由党の結成**　日本民主党連立派が民自党に合流、自由党を結成（25・3・1）。

▽**国民民主党の結成**　日本民主党野党派と国協党が合同して国民民主党を結成（25・4・28）。

▽**改進党の結成**　松村謙三・大麻唯男ら追放解除組を入れて、国民民主党は改進党を結成した（27・2・8）。三ケ月余の無党首期間の後、重光葵を総裁とした（27・5・13）。

▽**自由党の分裂**　鳩山一郎、三木武吉、河野一郎、石橋湛山らが、吉田首相のバカヤロー事件で分党（28・3・14）、続いて広川派も脱党。この分党派は鳩山一郎を総裁として結社届を出した（28・3・18）。

▽**鳩山自由党の復党**　安藤正純、大野伴睦、大久保留次郎、ブリヂストン社長石橋正二郎らの工作が効を奏し、三木、河野ら「八人の侍」を残して、鳩山一郎、石橋湛山ら分党派自由党は、自由党に復帰した（28・11・29）。

▽**自由党岸・石橋を除名**　自由党は新党問題で党議に服しないという理由で、岸信介、石橋湛山を除名した（29・11・8）。

▽**鳩山ら三十五名自由党を脱党**（29・11・22）

▽**日本民主党結成**（29・11・24）改進党と自由党脱党組との合同により結成された。総裁鳩山一郎、副総裁重光葵、幹事長岸信介。

▽**自由民主党結成**（30・11・14）自由党と日本民主党との保守大合同。総裁代行委員鳩山一郎、緒方竹虎、三木武吉、大野伴睦、幹事長岸信介、総務会長石井光次郎、政調会長水田三喜男。

▽**自民党第一回総裁公選**（31・4・5）鳩山一郎が初代総裁に選出された。（鳩山三九四票、岸三票、林三票、石橋二票、石井二票、益谷二票、大野二票、河野一票、重光一票、松野一票、池田一票）

▽**自民党第二回総裁公選**（31・12・14）石橋湛山が二代目総裁に選出された。（第一回投票＝岸二二三票、石橋一五一票、石井一三七票、決戦投票＝石橋二五八票、岸二五一票）

▽**自民党第三回総裁公選**（32・3・21）岸信介が三代目総裁に選出された。（岸四七一票、松村三二票、石井一票、北村一票）

〔資料〕(2)

# 自民党内派閥現勢表

註　カッコ内は関係している他派名。なお新興派閥は既成派閥内に包含しておいた。

## 〔岸　派〕……五六名

岸信介　川島正次郎　南条徳男　武知勇記　千葉三郎(一万田)　山村新治郎　三浦一雄　赤城宗徳　福田赳夫　森下国雄　藤枝泉介　遠藤三郎　林唯義(賀屋)　夏堀源三郎　竹内俊吉　椎名悦三郎　池田正之輔　松沢雄蔵　始関伊平　岡崎英城　纐纈弥三　早稲田柳右衛門　山手満男(一万田)　小川半次　大倉三郎　永田亮一(大野)　渡海元三郎　小島徹三(芦田)　坊秀男　早川崇(一万田)　亀山孝一　小枝一雄　星島二郎　永山忠則(賀屋)　高橋禎一(賀屋・一万田)　田中竜夫　安倍晋太郎　秋田大助(一万田)　福家俊一　今松治郎　中島茂喜　楢橋渡　綾部健太郎　床次徳二　宇田国栄　池田清志　浜野清吾　木倉和一郎　田辺国雄　橋本正之　堀内一雄　寺島隆太郎　保科善四郎　野田武夫　賀屋興宣(賀屋派領袖)　藤山愛一郎(藤山派領袖)

## 〔佐藤派〕……四二名

佐藤栄作　橋本登美三郎　渡辺良夫　田中角栄　橋本竜伍　増田甲子七(大野)　愛知揆一(賀屋)　薄

田美潮（賀屋） 飯塚定輔 木村武雄 塚原俊郎 小渕光平 松山義雄 細田義安 大野市郎 坂田英
一 南好雄 奥村又十郎 植木庚子郎（賀屋） 金丸信 西村直巳 山田弥一 足立篤郎 久野忠治
木村俊夫 生田宏一 三池信 田口長治郎 西村英一 瀬戸山三男 中馬辰猪 二階堂進 竹下登
井原峯高 松野頼三（石井） 野原正勝 保利茂 福永健司 山下春江 天野公義（池田） 福井盛太
佐藤洋之助（池田）

**【河野派】**……三六名

河野一郎 平塚常次郎 北村徳太郎 高碕達之助 松田竹千代 中村梅吉 山口喜久一郎 中曾根康
弘（北村） 松田鉄蔵 大石武一 根本竜太郎 山口好一 松永東 森 清 稲葉修（北村） 亘四郎（石
橋） 田中彰治 大森玉木 三田村武夫 浜地文平 桜内義雄（北村・藤山） 中川俊思 松本俊一 重
政誠之 八木徹雄 高橋英吉 蔵内修治 倉成正 石坂繁 園田直（北村） 上林山栄吉 山中貞則
小泉純也（佐藤） 天野光晴 砂原格 高橋清一郎

**【大野派】**……四四名

大野伴睦 村上勇 倉石忠雄 水田三喜男 青木正 犬養健 船田中 平野三郎 福田篤泰 宇都宮
徳馬（石橋） 内海安吉 鹿野彦吉 山口六郎次 大島秀一 福田一 中村幸八 辻寛一 八木一郎
田村元 田中正巳 中山マサ 押谷富三 原田憲 中井一夫 原健三郎 小林絹治 堀川恭平 徳安

実蔵　綱島正興　福永一臣（石橋）　川野芳満　山村庄之助（岸）　木村守江（佐藤）　丹羽喬四郎（佐藤）
岩本信行（池田）　江崎真澄（藤山）　小平久雄（池田）　佐々木盛雄　谷川和穂　斎藤邦吉（池田）　高石
幸三郎　荒船清十郎　前田郁　鴨田宗一

［池田派］……三八名

吉田茂　林譲治　益谷秀次　池田勇人　小坂善太郎　小金義照　前尾繁三郎　野田卯一　三和精一
鈴木善幸　黒金泰美　加藤精三　八田貞義　北沢直吉　野沢清人　内藤隆　鍜冶良作　内田常雄　羽
田武嗣郎　小川平二　高見三郎（石橋）　浅香忠雄　大橋武夫　逢沢寛　高橋等　周東英雄　簡牛凡夫
渡辺本治　大久保武雄　吉田重延　小山長規　服部安司　山崎巖　岡部得三（石井）　津島文治　小西
寅松（岸）　秋山利恭　平井義一（石橋）

［三木・松村派］……三五名

三木武夫　松村謙三　松浦周太郎　竹山祐太郎　井出一太郎　清瀬一郎　芦田均（芦田派の領袖）　川
崎秀二　本名武　志賀健次郎（芦田）　笹山茂太郎　粟山博　加藤高蔵　五十嵐吉蔵　臼井荘一　吉川
久衛　松岡嘉兵衛　丹羽兵助　河野孝子　今井耕　中村三之丞　川崎末五郎　菅野和太郎　河本敏夫
古井喜実　赤沢正道　藤本捨助（大野・石橋）　村瀬宣親　毛利松平　浜田正信　中村寅太　荒木万寿
夫（芦田）　広瀬正雄　高瀬伝（芦田）　鈴木正吾（石橋）

〔石橋派〕……一五名

石橋湛山　大久保留次郎　石田博英　山本勝市　島村一郎　世耕弘一　椎熊三郎（岸）　山本猛夫　柳谷清三郎　長谷川四郎（大野）　辻政信　佐藤虎次郎（大野・池田・一万田）　加藤常太郎　新井京太　田中栄一（池田）

〔石井派〕……二一名

石井光次郎　田中伊三次　塚田十一郎　灘尾弘吉　菅家真六　篠田弘作（河野）　福井順一　加藤鐐五郎　中垣国男　小林錡（藤山）　堤康次郎（池田）　古川丈吉　富田健治　前田正男　関谷勝利　大坪保雄　馬場元治　坂田道太　相川勝六　進藤一馬　助川良平（三木）

〔どの派ともきめ難いもの〕

鳩山一郎　正力松太郎　一万田尚登（一万田派の領袖）　小沢佐重喜（藤山）　岡本茂　金子岩三　保岡武久　菊池義郎

〔資料〕（3）

# 自民党代議士当選回数表

註　◉印は首相、◎は衆議院議長、○は閣僚の経験者を表示した。

この表により、現保守党議員は四、五回当選者が最も多く、特殊な場合（戦前の閣僚、財界よりの転入者、参議院より鞍替えしたものなど）を除いては、入閣者は原則として五回以上の者であること、閣僚経験者中当選回数の少ないものは官僚上りであるのに反し、当選七回以上の者には純然たる官僚上りが一人もいない（益谷・芦田は官僚出身だが党歴が永いので党人とみなすべきである）ことはきわめて注目される現象である。

| 当選回数 | 名　氏 |
|---|---|
| 十五回(2) | ◉鳩山　一郎　◎星島　二郎 |
| 十一回(7) | ◉芦田　均　○犬養　健　◎大野　伴睦　○加藤鐐五郎　○清瀬　一郎　◎堤　康次郎　◎林　譲治 |
| 十回(4) | ○川島正次郎　◎益谷　秀次　○松村　謙三　栗山　博 |
| 九回(4) | ○河野　一郎　○船田　中　○松田竹千代　○三木　武夫 |
| 八回(6) | 小林　錡　世耕　弘一　○武知　勇記　中井　一夫　◎松永　東 |

七回(30)

○山口喜久一郎
逢沢　寛
○井出一太郎
内海　安吉
○小沢佐重喜
○川崎　秀二
○小坂善太郎
小西　寅松
小林　絹治
坂田　道太
佐藤洋之助
椎熊　三郎
島村　一郎
○竹山祐太郎
○田中伊三次
○千葉　三郎
○塚田十一郎
中島　茂喜
○中村　梅吉
○中村三之丞
○南条　徳男
○馬場　元治
原　健三郎
○保利　茂
○松浦周太郎
○水田三喜男
○村上　勇
山村新治郎
早稲田柳右エ門
渡辺　良夫
亘　四郎

六回(39)

○赤城　宗徳
池田正之輔
○石井光次郎
石坂　繁
○石田　博英
今井　耕
江崎　真澄
小川　半次
川野　芳満
○北村徳太郎
木村　武雄
○倉石　忠雄
小泉　純也
小島　徹三
小平　久雄
志賀健次郎
鈴木　正吾
鈴木　善幸
関谷　勝利
園田　直
高瀬　伝
高橋　英吉
○田中　角栄
辻　寛一
寺島隆太郎
中曾根康弘
中山　マサ
永山　忠則
夏堀源三郎
○根本竜太郎
浜地　文平
早川　崇
堀川　恭平
前田　正男
松野　頼三
森下　国雄
山口　好一
山下　春江
◉吉田　茂

五回(52)

○青木　正
秋田　大助
浅香　忠雄
荒木万寿夫
荒船清十郎
綾部健太郎
五十嵐吉蔵
○池田　勇人
◉石橋　湛山
稲葉　修

◯岩本　信行
◯遠藤　三郎
大石　武一
◯大橋　武夫
大森　玉木
奥村又十郎
加藤　高蔵
上林山栄吉
川崎末五郎
吉川　久衛
久野　忠治
小金　義照
河本　敏夫
◯佐藤　栄作
桜内　義雄
篠田　弘作
◯周東　英雄
田口長治郎
田中　彰治
高橋　禎一
塚原　俊郎
床次　徳二
綱島　正興
中村　寅太
◯楢橋　渡
西村　直巳
羽田武嗣郎
橋本登美三郎
◯橋本　竜伍
長谷川四郎
平井　義一
平野　三郎
福永　一臣
◯福永　健司
◯前尾繁三郎
◯増田甲子七
松田　鉄蔵
◯三浦　一雄
南　　好雄
八木　一郎
山手　満男
菊池　義郎

四回(62)

◯相川　勝六
赤沢　正道
足立　篤郎
飯塚　定輔
植木庚子郎
臼井　荘一
宇都宮徳馬
大倉　三郎
◯大久保留次郎
大平　正芳
岡部　得三
小川　平二
押谷　富三
鍜冶　良作
加藤　精三
加藤常太郎
簡牛　凡夫
菅家　喜六
菅野和太郎
◉岸　　信介
木村　俊夫
黒金　泰美
小枝　一雄
小山　長規
坂田　英一
佐々木盛雄
笹山茂太郎
佐藤虎次郎
瀬戸山三男
高橋　　等
中馬　辰猪
辻　　政信
徳安　実蔵
中垣　国男
中川　俊思
永田　亮一
中村　幸八
◯灘尾　弘吉
二階堂　進
西村　英一

野原　正勝
広瀬　正雄
○平塚常次郎
福田　赳夫
福田　篤泰
福田　一
藤枝　泉介
藤本　捨助
古井　喜実
坊　秀男
本名　武
町村　金五
松山　義雄
三池　信
三田村武夫
村瀬　宣親
森　清
山口六郎次
○山崎　巌
山本　勝市
山本　猛夫
野田　武夫

三回(33)

秋山　利恭
天野　公義
新井　京太
生田　宏一
池田　清志
今松　治郎
内田　常雄
大島　秀一
大野　市郎
鹿野　彦吉
北沢　直吉
重政　誠之
助川　良平
薄田　美朝
高見　三郎
竹内　俊吉
田中　竜夫
富田　健治
内藤　隆
丹羽喬四郎
野沢　清人
○野田　卯一
浜田　幸雄
浜野　清吾
原田　憲
福井　順一
福井　盛太
堀内　一雄
前田　郁
山田　弥一
山中　貞則
吉田　重延
三和　精一

二回(30)

○愛知　揆一
○一万田尚登
井原　岸高
宇田　国栄
大久保武雄
大坪　保雄
岡崎　英城
岡本　茂
小淵　光平
亀山　孝一
纐纈　弥三
椎名悦三郎
始関　伊平
○正力松太郎
砂原　格
○高碕達之助
田中　正巳
田村　元
津島　文治
渡海元三郎
丹羽　兵助
長谷川　峻
八田　貞義
林　唯義
福家　俊一

一回(30)

古川　丈吉
松沢　雄蔵
松本　俊一
保岡　武久
保科善四郎

安倍晋太郎
天野　光晴
金丸　信
金子　岩三
鴨田　宗一

○賀屋　興宣
木倉和一郎
木村　守江
蔵内　修治
倉成　正

河野　孝子
斎藤　邦吉
進藤　一馬
高石幸三郎
高橋清一郎

竹下　登
田中　栄一
田辺　国男
谷川　和穂
橋本　正之

服部　安司
浜田　正信
○藤山愛一郎
細田　義安
松岡嘉兵衛

毛利　松平
八木　徹雄
柳谷清三郎
山村庄之助
渡辺　本治

〔資料〕（4）

# 参考文献


現代政治の解明……吉村正著（前野書店）
今日の政党……吉村正編（有信堂）
近代政治機構論……吉富重夫（有信堂）
現代政治過程論……春宮千鉄（中央書房）
日本政党政治の史的分析……前島省三（法律文化社）
政党……蠟山政道編（有斐閣）
近代民主政治……ブライス（岩波文庫）
職業としての政治……マックス・ウェーバー（岩波文庫）
権力と支配……マックス・ウェーバー（みすず書房）
近代日本人物政治史……日本近代史研究会編（東洋経済新報社）
明治政治史……信夫清三郎（弘文堂）
占領秘録……住本利男（毎日新聞社）
昭和政界風雲録……唐島基智三（実業之日本社）
現代史……林茂編（毎日新聞社）

日本政党史昭和篇……白木正之（中央公論社）
昭和政治史……中村菊男（慶応通信）
回想の戦後政治……中正雄（実業之世界社）
岸信介伝……吉本重義（東洋書館）
三木武吉……三木会編（非売品）
昭和怪物伝……大宅壮一（角川書店）
昭和人物史……細川隆元（文芸春秋新社）
戦前戦後……木舎幾三郎（政界往来社）
現代政治家論……阿部真之助（文芸春秋新社）
今だから話そう……河野一郎（春陽堂）
官庁物語……東京新聞社編（潮文社）
鳩山ブームの舞台裏……田々宮英太郎（実業之世界社）
伴睦放談……大野伴睦（金融界社）
政財界人の命運……名取義一（北辰堂）
三木武吉太閤記……重盛久治（春陽堂）
仮面と素顔……大宅壮一（東西文明社）
時事年鑑・読売年鑑・朝日年鑑

# あとがき

私は政治記者生活をしている間に、「政党」の成立ちに非常な興味を覚えた。そして政党の実態を明らかにするには、どんな角度からこれを解剖すればよいかを考えた。その方法として、先ず政党を派閥というエレメントに分解し、前篇で派閥の発生する原因と、派閥の存在理由を見、後篇で保守党内の派閥の形成される過程を描いた。この両篇は著しく筆調を変えているので、肩をこらすのが厭な方は後篇だけを読んで頂きたい。

政党政治は多くの欠陥と弊害とを持っており、戦後の政党も繰返し世論のきびしい批判を受けて来たが、私は戦時の翼賛政治体制下の官僚権力の圧迫を思い起すたびに、この欠陥の多い政党政治を再び殺してはならないと思った。そのためには、現在ありのままの政党をきびしく解剖し、その長短両面をえぐり出す必要を感じた。やや過度と思われるほど、党首独裁の可能性及び官僚政治復活の可能性を警戒しながら、生かさねばならぬ政党政治の長所を見つけ出そうと試みた。それが前篇の狙いである。

後篇は、出来るだけ読物風に砕いた戦後の保守党史を描こうと狙った。やや著者の主観が濃過ぎたとしたら、右にのべた著者の願望を強く押し出し過ぎたものとして容赦願いたい。

書中の人物は一切敬語を省かせていただいた。登場人物のほとんどが、日頃親しく接している人々だけに、遠慮ない批判を向けることは心苦しかったが、これも許されることと思う。

この書は、巻末にかかげた諸文献も参照したが、主として筆者が政治記者として、目で見耳で聞いたことを素材に、さらに、先輩記者諸兄及び現役の政治家に、出来るだけ多く話を聞いて書きあげたものである。先輩・同僚記者諸兄の助言と、弘文堂の畏友中村正光君の助力がなければ、この拙ない書も生れ得なかった。

一九五八年九月一日

首相官邸記者クラブで

渡　辺　恒　雄

【著者紹介】

渡辺恒雄（わたなべ・つねお）
1926（大正 15）年東京生まれ。
東京大学文学部哲学科卒。
現在：読売新聞グループ本社代表取締役会長・主筆
『派閥』『党首と政党』『ポピュリズム批判』『わが人生記』『君命も受けざる所あり』など著書多数。

派閥――保守党の解剖

1958（昭和33）年 9 月25日　初版発行
2014（平成26）年 6 月25日　復刊 1 刷発行
2024（令和 6 ）年 3 月15日　同　2 刷発行

著　者　渡 辺　恒 雄
発行者　鯉 渕　友 南
発行所　株式会社 弘 文 堂　101-0062　東京都千代田区神田駿河台1の7
TEL 03(3294)4801　振替 00120-6-53909
https://www.koubundou.co.jp

装　丁　青山修作
印　刷　三美印刷
製　本　井上製本所



ISBN 978-4-335-46032-6

# 復刊にあたって

底本には一九五八（昭和三三）年九月二五日発行の初版を用いた。原文をそのまま復元することを原則とし、今日の読者の読みやすさを考慮して多少体裁を整えたほか、明らかな誤植以外は訂正していない。また、今日では使用されない用語・呼称など配慮すべき表現が一部にあるが、初版刊行当時の時代背景や著者が差別的な意図で使用していないという事実に鑑み、そのままとした。

（二〇一四年五月　弘文堂編集部）